A SOCIEDADE E O SUPREMO TRIBUNAL FEDERAL

O CASO DAS AUDIÊNCIAS PÚBLICAS

DIOGO RAIS

André Ramos Tavares
Prefácio

A SOCIEDADE E O SUPREMO TRIBUNAL FEDERAL

O CASO DAS AUDIÊNCIAS PÚBLICAS

Belo Horizonte

2012

© 2012 Editora Fórum Ltda.

É proibida a reprodução total ou parcial desta obra, por qualquer meio eletrônico, inclusive por processos xerográficos, sem autorização expressa do Editor.

Conselho Editorial

Adilson Abreu Dallari
Alécia Paolucci Nogueira Bicalho
Alexandre Coutinho Pagliarini
André Ramos Tavares
Carlos Ayres Britto
Carlos Mário da Silva Velloso
Carlos Pinto Coelho Motta (in memoriam)
Cármen Lúcia Antunes Rocha
Cesar Augusto Guimarães Pereira
Clovis Beznos
Cristiana Fortini
Dinorá Adelaide Musetti Grotti
Diogo de Figueiredo Moreira Neto
Egon Bockmann Moreira
Emerson Gabardo
Fabrício Motta
Fernando Rossi
Flávio Henrique Unes Pereira

Floriano de Azevedo Marques Neto
Gustavo Justino de Oliveira
Inês Virgínia Prado Soares
Jorge Ulisses Jacoby Fernandes
José Nilo de Castro (in memoriam)
Juarez Freitas
Lúcia Valle Figueiredo (in memoriam)
Luciano Ferraz
Lúcio Delfino
Marcia Carla Pereira Ribeiro
Márcio Cammarosano
Maria Sylvia Zanella Di Pietro
Ney José de Freitas
Oswaldo Othon de Pontes Saraiva Filho
Paulo Modesto
Romeu Felipe Bacellar Filho
Sérgio Guerra

Luís Cláudio Rodrigues Ferreira
Presidente e Editor

Coordenação editorial: Olga M. A. Sousa
Revisão: Alessandra Alves Valadares
Bibliotecário: Fábio Jaderson Miguel Reis – CRB 3025P – 6ª Região
Capa, projeto gráfico: Walter Santos
Diagramação: Karine Rocha

Av. Afonso Pena, 2770 – 15º/16º andares – Funcionários – CEP 30130-007
Belo Horizonte – Minas Gerais – Tel.: (31) 2121.4900 / 2121.4949
www.editoraforum.com.br – editoraforum@editoraforum.com.br

R159s   Rais, Diogo

A sociedade e o Supremo Tribunal Federal: o caso das audiências públicas / Diogo Rais; Prefácio de André Ramos Tavares. Belo Horizonte: Fórum, 2012.

179 p.
ISBN 978-85-7700-575-8

1. Direito constitucional. 2. Direito processual. I. Tavares, André Ramos. II Título.

CDD: 342
CDU: 342

Informação bibliográfica deste livro, conforme a NBR 6023:2002 da Associação Brasileira de Normas Técnicas (ABNT):

RAIS, Diogo, A sociedade e o Supremo Tribunal Federal: o caso das audiências públicas. Belo Horizonte: Fórum, 2012. 179 p. ISBN 978-85-7700- 575-8.

Como não dedicar esse longo trabalho àquela que suportou todo o sofrimento gerado, durante as privações da minha presença, os vácuos de afeto e a ausência de ouvidos ao longo de tantos dias... Dedico esta obra integralmente à minha esposa, para você, Emanuela, o produto de sua invejável paciência.

A única diferença entre o remédio e o veneno é a dose.
Provérbio popular (mas que conheci pelo meu pai).

SUMÁRIO

LISTA DE ABREVIATURAS 11

PREFÁCIO
André Ramos Tavares 15

APRESENTAÇÃO 17

INTRODUÇÃO 19

CAPÍTULO 1
AUDIÊNCIA PÚBLICA 23
1.1 A presença da audiência pública no Direito brasileiro 23
1.2 A audiência pública no exercício das funções estatais 34
1.2.1 Na atividade da Administração Pública 34
1.2.2 Na atividade legislativa 36
1.2.3 Na atividade do Judiciário 37
1.3 A audiência pública no âmbito da atividade do Tribunal
Constitucional 42

CAPÍTULO 2
REGIME JURÍDICO DA AUDIÊNCIA PÚBLICA NO STF 47
2.1 Conceito de audiência pública e sua construção pelo STF 47
2.2 Regramento: aplicação e evolução 48
2.3 Efeitos das audiências públicas 72

CAPÍTULO 3
ESTUDO DE CASOS 79
3.1 Metodologia e finalidade das análises 79
3.2 Primeira audiência pública: Lei de Biossegurança 80
3.3 Segunda audiência pública: Importação de pneus usados 92
3.4 Terceira audiência pública: Interrupção da gravidez de fetos
anencéfalos 97
3.5 Quarta audiência pública: Ações de prestação de saúde 103
3.6 Quinta audiência pública: políticas de ação afirmativa no ensino
superior baseada em critérios raciais 113
3.7 Sexta audiência pública: Lei Seca 119

CONCLUSÃO 123

REFERÊNCIAS 133

ANEXOS

ANEXO A – Primeira audiência pública: Lei de Biossegurança 137
ANEXO B – Segunda audiência pública: Importação de pneus usados 143
ANEXO C – Terceira audiência pública: Interrupção da gravidez de
      fetos anencéfalos 149
ANEXO D – Quarta audiência pública: Ações de prestação de saúde 155
ANEXO E – Quinta audiência pública: Políticas de ação afirmativa
      no ensino superior baseada em critérios raciais 167
ANEXO F – Sexta audiência pública: Lei Seca 175

LISTA DE ABREVIATURAS

ac. – acórdão

AC – Ação Cautelar

ACO – Ação Cível Originária

ADC – Ação Declaratória de Constitucionalidade

ADCT – Ato das Disposições Constitucionais Transitórias

ADIn – Ação Direta de Inconstitucionalidade

ADPF – Arguição de Descumprimento de Preceito Fundamental

Ag. – Agravo

AgI – Agravo de Instrumento

AgRg – Agravo Regimental

ANEEL – Agência Nacional de Energia Elétrica

ANVISA – Agência Nacional de Vigilância Sanitária

AO – Ação Originária no STF

AP – Ação Popular

APn – Ação Penal

AR – Ação Rescisória

CADE – Conselho Administrativo de Desenvolvimento Econômico

CC – Código Civil

CDC – Código de Defesa do Consumidor

CF – Constituição Federal do Brasil de 1988

CLT – Consolidação das Leis do Trabalho

CNJ – Conselho Nacional de Justiça

CNMP – Conselho Nacional do Ministério Público

CONAMA – Conselho Nacional do Meio Ambiente

CP – Código Penal

CPC – Código de Processo Civil

CPI – Comissão Parlamentar de Inquérito

CPP – Código de Processo Penal

CSLL – Contribuição Social Sobre o Lucro Líquido

CTB – Código de Trânsito Brasileiro

CTN – Código Tributário Nacional

CVM – Comissão de Valores Mobiliários

DF – Distrito Federal

DJ – Diário da Justiça

DOU – Diário Oficial da União

EC – Emenda Constitucional

ECA – Estatuto da Criança e do Adolescente

Extr. – Extradição

HC – *Habeas Corpus*

HD – *Habeas Data*

IBAMA – Instituto Brasileiro do Meio Ambiente e dos Recursos Naturais Renováveis

IF – Intervenção Federal

LC – Lei Complementar

LICC – Lei de Introdução ao Código Civil

MC – Medida Cautelar

MI – Mandado de Injunção

Min. – Ministro(a)

MP – Medida Provisória

MS – Mandado de Segurança

PEC – Proposta de Emenda Constitucional

Pet. – Petição

p.u. – parágrafo único

QO – Questão de Ordem

RE – Recurso Extraordinário

Recl. – Reclamação

Rel. – Relator(a)

RHC – Recurso em *Habeas Corpus*

RHD – Recurso em *Habeas Data*

RI – Regimento Interno

RMS – Recurso em Mandado de Segurança

RO – Recurso Ordinário

ROHC – Recurso Ordinário em Habeas Corpus

RT – Revista dos Tribunais

SS – Suspensão de Segurança

STF – Supremo Tribunal Federal

STJ – Superior Tribunal de Justiça

SUS – Sistema Único de Saúde

TCU – Tribunal de Contas da União

TJ – Tribunal de Justiça

TRE – Tribunal Regional Eleitoral

TRF – Tribunal Regional Federal

TRT – Tribunal Regional do Trabalho

TSE – Tribunal Superior Eleitoral

TST – Tribunal Superior do Trabalho

PREFÁCIO

Diogo Rais, estudioso do Direito Público, Professor e dedicado Pesquisador realiza, aqui, estudo pioneiro e relevante sobre a posição crítica das audiências públicas realizadas no âmbito do Supremo Tribunal Federal, tema até então ainda carente de análises apropriadas que possam bem encaminhar essa novel instituição em sua realização no cotidiano da Suprema Corte nacional. A obra é resultado parcial de seus estudos no Mestrado em Direito da Pontifícia Universidade Católica de São Paulo, ocasião em que o autor obteve a nota máxima por parte da Banca Examinadora.

Este livro se concentra na análise pormenorizada do conteúdo e forma das audiências públicas, mas perifericamente trata, em toda sua extensão, da imbricação preciosa que há, no caso, entre sociedade e Supremo Tribunal Federal, em uma das mais intrigantes fórmulas encontradas pelo Direito positivo para fazer reforçar a concretude e extranormatividade relevante para as decisões judiciais.

A proposta desse trabalho, contudo, não reside na explicação dos pontos de contato entre o Supremo Tribunal Federal e a sociedade, assim como também não se limita à descrição das audiências públicas já realizadas — temas dos quais não se furta o autor —, mas avança para outras searas, verticalizando o estudo em diversas dimensões. Sem pretender, aqui, antecipar ou resumir indevidamente toda a pesquisa realizada, posso indicar que a obra está calcada no estudo da sociedade e do Supremo Tribunal Federal pela óptica instrumental das audiências públicas, estudando exaustivamente a temática *procedimental* do tema, sem se afastar de uma análise crítica do uso desse instrumento, buscando, ao final, tecer considerações comparativas entre o discurso e a prática do instituto em apreço.

Esse livro é dividido em três grandes segmentos, iniciando pela audiência pública no sistema brasileiro, oportunidade em que desenha um retrospecto histórico desse instrumento e sua aplicabilidade em diversas searas, identificando sua concretização por todo o Estado em todas as funções, seja pelas atividades da Administração Pública, do Legislativo e do Judiciário.

Trata, ainda, do regimento jurídico da audiência pública, iniciando pela difícil construção de seu conceito e reunindo cientificamente seu arcabouço jurídico, sistematizando-o e apontando os avanços e retrocessos da matéria ao longo do tempo, encerrando essa grande parte com a análise crítica dos efeitos práticos das audiências públicas, retratando, aqui, mais enfaticamente, a tão propalada relação entre sociedade e Supremo Tribunal Federal.

A obra nos presenteia, ainda, com um cuidadoso estudo de caso, açambarcando todas as audiências públicas realizadas no Supremo Tribunal Federal, elaborando, ainda, um quadro sinóptico de cada uma delas, com o intuito — plenamente atingido — de facilitar a compreensão e comparação desse instrumento ao longo de suas experiências no sistema brasileiro.

O alto teor descritivo do presente livro e seus anexos subsidiarão o estudo daqueles que pretendem se dedicar ao tema, constituindo fonte segura e imprescindível à pesquisa e ao avanço científico, com farto e preciso material sobre o tema específico. Por buscar respostas para diversas e múltiplas provocações levantadas durante a pesquisa, a obra fomenta a busca de mais respostas que — indubitavelmente — motivarão a construção de ainda mais indagações, inevitáveis também por força das diversas polêmicas e curiosidades que atingem esse intrigante tema.

André Ramos Tavares

Pró-Reitor de Pós-Graduação da PUC-SP. Professor dos Programas de Mestrado e Doutorado em Direito da PUC-SP. Professor do Programa de Doutorado em Direito Público da Universidade de Bari (Itália). Diretor do Instituto Brasileiro de Estudos Constitucionais.

APRESENTAÇÃO

Esta obra surgiu com o pedido formulado por alguns alunos para que eu explicasse o que eram as audiências públicas, durante a aula expus brevemente sobre o assunto e esses cinco minutos se transformaram em uma inquietante enxurrada de questões que somente poderiam ser abordadas em uma aula exclusiva para o tema, e assim combinamos. Ao preparar essa aula sobre o tema fui surpreendido pela ausência de material sobre o assunto, não encontrando sequer uma obra específica. Essa inusitada situação me provocou a indagação sobre essa ausência que somente poderia ter duas respostas alternativas: ou o tema não é interessante, ou é muito interessante.

A ânsia dos alunos em conhecer o tema, assim como eu, que me enchi de curiosidade sobre o tema pretendendo aprofundar neste assunto forçava o descarte da primeira hipótese restando apenas a segunda, que se transformou em verdadeira provocação científica para o desenvolvimento do trabalho.

Durante o mestrado essa pesquisa foi desenvolvida sob a orientação do Professor Doutor André Ramos Tavares que foi grande incentivador desta obra. Após a realização da defesa pública da dissertação foram realizadas mais algumas pesquisas e revisões, além da atualização diante de novas audiências públicas, notadamente a realizada pelo Tribunal Superior do Trabalho e a prevista para ser realizada no Supremo Tribunal Federal sobre a Lei Seca.

Ao avançar no tema notei que a audiência pública sob seu aspecto procedimental e substancial, quando analisada profundamente, revela diversas facetas da multidisciplinar e curiosa relação entre a sociedade e o Supremo Tribunal Federal.

Notei também que embora prevista por uma pequena fissura no ordenamento jurídico ainda de maneira extremamente tímida, ao se concretizar tomou corpo se expandindo para além de seu dispositivo criador prestando a funções muito mais nobres do que a mera informação do juízo. Por isso que convido os leitores para, além de se ler a obra, ir adiante e desenvolverem cada vez mais pesquisas sobre esse enigmático assunto.

O Autor

INTRODUÇÃO

A presente obra encontra suas diretrizes no Direito Processual Constitucional, ou como queira alguns, no Direito Constitucional em sua face processual, ao passo que seu título delimita seu objeto à relação da sociedade e do Supremo Tribunal Federal por meio das audiências públicas.

Embora a audiência pública seja um instrumento utilizado há pouco tempo pelo Supremo Tribunal Federal, ela em si, não constitui uma novidade no direito brasileiro. Esse instrumento é amplamente utilizado no sistema político-administrativo nacional, sendo previsto ao menos desde 1986 para utilização do Conselho Nacional do Meio Ambiente, ocupando também papel central na Assembleia Constituinte, sendo em seguida, prevista na Constituição brasileira e encontrando por força da simetria paradigmas nos documentos de constituição dos demais entes federativos.

É possível identificá-la no âmbito da União, dos Estados-membros, do Distrito Federal e dos Municípios, além ainda, no exercício das funções estatais estando presente no âmbito da Administração Pública, da atividade legislativa e jurisdicional. Na Justiça Constitucional encontrou seu primeiro documento jurídico na Lei n. 9.868, de 10 de novembro de 1999, em seus artigos 9º e 20 e na Lei n. 9.882, de 13 de dezembro de 1999, em seu artigo 6º, visto que essa inovação do ordenamento jurídico trouxe a possibilidade de o Supremo Tribunal Federal realizar audiências públicas no curso das ações diretas de inconstitucionalidade, ações declaratórias de constitucionalidade e arguições de descumprimento de preceito fundamental.

Em que pese essa inovação legislativa ter ocorrido em 1999, apenas em 20 de abril de 2007 o Supremo Tribunal Federal realizou sua primeira audiência pública. Durante esse longo intervalo entre a previsão legal e a realização da primeira audiência pública, o Supremo julgou 702.468[1] processos. Entre a primeira audiência pública até o final

---

[1] Disponível em: <http://www.stf.jus.br/portal/cms/verTexto.asp?servico=estatistica&pagina=movimentoProcessual>. Acesso em: 20 dez. 2011.

de 2011 (época da coleta de dados) foram mais de 600 mil[2] processos e apenas cinco audiências públicas, cuja média se aproxima da proporção de uma audiência pública a cada 120 mil processos.

Como os diplomas legislativos mencionados preveem apenas a existência da audiência pública e pouco ou nada dispõem sobre o seu procedimento, essas audiências realizadas foram conduzidas cada qual à maneira do seu Relator, ora adotando regulamento de outra Casa, ora criando um próprio e exclusivo procedimento da audiência. Mas essa volatilidade, que, curiosamente, permitiu que em cada audiência fosse adotado um regime jurídico específico, revela o traçado da construção de sua evolução perante aquela Corte e seus ministros.

Em 19 de fevereiro de 2009, o Supremo Tribunal Federal mediante a Emenda Regimental n. 29 adequou seu regimento interno e passou a regular o procedimento da audiência pública, entretanto, essa previsão regimental não se limitou ao texto da legislação correspondente e alargou, e muito, as hipóteses de cabimento desse instrumento lapidando uma nova feição às audiências públicas, muito além daquela prevista pelo legislador.

Para explorar esses e outros pontos a respeito pretendemos buscar os dados na doutrina brasileira e estrangeira, compilando-os e confrontando-os, em especial, diante do transcorrer dos tempos, traçando um paralelo histórico diante da mutação e alteração do ordenamento jurídico. Embora esta pesquisa se desenvolve essencialmente de maneira empírica, já que se trata de tema ainda pouco explorado, a opção adotada nesta obra se restringe ao estudo da sociedade diante do Supremo pelas audiências públicas analisando as disposições a respeito e o desenvolvimento dessas audiências realizadas naquela Corte.

O presente livro se desenvolve em três capítulos, no primeiro capítulo será estudada a audiência pública no ordenamento jurídico brasileiro, apresentando sua primeira previsão comparando com as demais e traçando um paralelo no tempo e na evolução do próprio instrumento. Ainda neste capítulo abordará sua presença em todos os entes federativos e no exercício de todas suas funções, iniciando por sua presença marcante na atividade da administração pública, em seguida na atividade legislativa e jurisdicional. Ao fim desse capítulo será abordada a audiência pública na atividade da Justiça Constitucional.

Em seguida, no segundo capítulo, o objetivo será a revelação do regime jurídico atribuído à audiência pública no Supremo Tribunal

---

[2] Disponível em: <http://www.stf.jus.br/portal/cms/verTexto.asp?servico=estatistica&pagina =movimentoProcessual>. Acesso em: 20 dez. 2011.

Federal iniciando por sua difícil conceituação, que embora ainda em construção, é possível pela prática do Supremo traçar seu primeiro desenho destacando pontos marcantes de sua utilização. Na sequência será investigado seu regramento jurídico apontando sua evolução, trançando um paralelo entre sua primeira previsão, suas primeiras realizações, e sua variação, uma a uma, e buscando a identificação do perfil, ainda em transformação, da audiência pública. Visto seu conceito e seu regramento à luz do Supremo Tribunal Federal a busca se concentrará nos efeitos que as audiências públicas podem provocar quando realizadas no Tribunal de Cúpula, agrupando-os em efeitos diretos e indiretos, os primeiros provocados diretamente pelas audiências públicas, os segundos como produto da interação da sociedade ante a realização das audiências.

Por fim, no terceiro e último capítulo, se construirá a pesquisa empírica realizada diante de cada uma das cinco audiências públicas realizadas pelo Supremo Tribunal Federal, que além da análise descritiva comportará uma análise crítica e comparativa com as demais audiências, e ao final de cada subitem, que tratará das audiências, individualmente, será exposto um quadro sinóptico com os principais pontos, facilitando assim a comparação entre elas.

CAPÍTULO 1

AUDIÊNCIA PÚBLICA

1.1 A presença da audiência pública no Direito brasileiro

A audiência pública não é uma novidade no direito brasileiro, é possível encontrar em 1986 a presença desse instituto, sendo apontado por Evanna Soares[3] como o primeiro exemplar no direito brasileiro, o qual se estabeleceu, mais precisamente, pela *resolução, a de n. 001 de 23 de janeiro de 1986*, publicada em 17 de fevereiro de 1986, emitida pelo Conselho Nacional do Meio Ambiente (CONAMA).

Essa resolução tem por objeto a fixação de diretrizes gerais para uso e implementação da avaliação de impacto ambiental como um dos instrumentos da política nacional do meio ambiente. Em seu artigo 11, §2º,[4] dispõe sobre o prazo e a manifestação dos comentários feitos pelos órgãos públicos e demais interessados, facultando a realização de audiência pública para informação sobre o projeto e seus impactos ambientais, além da discussão do Relatório de Impacto Ambiental.

---

[3] SOARES, Evanna. A audiência pública no processo administrativo brasileiro. *Revista de Direito Administrativo*, Rio de Janeiro, n. 229, p. 263, jul./set. 2002.

[4] "Art. 11. Respeitado o sigilo industrial, assim solicitando e demonstrando pelo interessado o RIMA (*Relatório de Impacto Ambiental*) será acessível ao público. Suas cópias permanecerão à disposição dos interessados, nos centros de documentação ou bibliotecas da SEMA e do estadual de controle ambiental correspondente, inclusive o período de análise técnica,
§1º Os órgãos públicos que manifestarem interesse, ou tiverem relação direta com o projeto, receberão cópia do RIMA, para conhecimento e manifestação,
§2º Ao determinar a execução do estudo de impacto ambiental e apresentação do RIMA, o estadual competente ou o IBAMA ou, quando couber o Município, *determinará o prazo para recebimento dos comentários a serem feitos pelos órgãos públicos e demais interessados e, sempre que julgar necessário, PROMOVERÁ A REALIZAÇÃO DE AUDIÊNCIA PÚBLICA para informação sobre o projeto e seus impactos ambientais e discussão do RIMA"* (grifos nossos).

A audiência pública surge aqui como um instrumento de prestação de contas com enfoque à informação dos interessados, facultando a discussão do relatório de impacto ambiental e atribuindo aos participantes um papel, em sua maior parte, de cunho passivo, já que a principal função dessa audiência era a de informar, isto é, trazer à sociedade conhecimento de questões de grande importância para todos. Embora atribua um papel essencialmente passivo aos participantes permite-se a discussão pública dos relatórios revelando uma face, ainda tímida, de características mais ativas aos participantes.

No ano seguinte da publicação da Resolução n. 1 com a previsão da audiência pública, o *CONAMA editou a resolução de n. 09*,[5] regulando o procedimento da audiência pública. Da análise dessa resolução é possível identificar a *finalidade, a competência de realização, os legitimados para convocação, a publicidade, a acessibilidade e a documentação.* O artigo 1º atribui dupla *finalidade* à audiência pública: primeiro a de informar aos interessados o conteúdo do produto em análise e do seu relatório de impacto ambiental; em segundo, a de colher sugestões ou críticas a

---

[5] *"Resolução CONAMA nº 9, de 3 de dezembro de 1987 "O CONSELHO NACIONAL DO MEIO AMBIENTE – CONAMA*, no uso das atribuições que lhe conferem o inciso II do artigo 7º do Decreto n. 88.351, de 1º de julho de 1983, e tendo em vista o disposto na RESOLUÇÃO/ CONAMA nº 1, de 23 de janeiro de 1986. *RESOLVE*:
Art. 1º *A Audiência pública* referida na RESOLUÇÃO CONAMA n. 1/86, *tem por finalidade expor aos interessados o conteúdo do produto em análise e do seu referido RIMA, dirimindo dúvidas e recolhendo dos presentes as críticas e sugestões a respeito.*
Art. 2º *Sempre que julgar necessário, ou quando for solicitado por entidade civil, pelo Ministério Público, ou por 50 (cinquenta) ou mais cidadãos, o Órgão do Meio Ambiente promoverá a realização de Audiência Pública.*
§1º O Órgão de Meio Ambiente, a partir da data do recebimento do RIMA, *fixará em edital e anunciará pela imprensa local a do prazo que será no mínimo de 45 dias para solicitação de audiência pública.*
§2º *No caso de haver solicitação de audiência pública e na hipótese do Órgão Estadual não realizá-la, a licença não terá validade.*
§3º Após este prazo, a convocação será feita pelo Órgão licenciador, através de correspondência registrada aos solicitantes e da divulgação em órgãos da imprensa local.
§4º *A audiência pública deverá ocorrer em local acessível aos interessados.*
§5º Em função da localização geográfica dos solicitantes se da complexidade do tema, poderá haver mais de uma audiência pública sobre o mesmo projeto e respectivo Relatório de Impacto Ambiental – RIMA.
Art. 3º A audiência pública será dirigida pelo representante do Órgão licenciador que, após a exposição objetiva do projeto e o seu respectivo RIMA, *abrirá as discussões com os interessados presentes.*
Art. 4º *Ao final de cada audiência pública lavrada uma ata sucinta.*
Parágrafo único. Serão anexadas à ata todos os documentos escritos e assinados que forem entregues ao presidente dos trabalhos durante a seção.
Art. 5º A ata da(s) Audiência(s) Pública(s) e seus anexos, servirão de base, juntamente com o RIMA, para a análise e parecer final do licenciador quanto à aprovação ou não do projeto.
Art. 6º Esta resolução entra em vigor na data de sua publicação" (grifos nossos).

respeito. Quanto a *competência de realização* da audiência pública, o artigo 2º atribui ao órgão do meio ambiente que detém a competência para emanar o ato decisório que ele pode agir de ofício, ou por solicitação de um ou mais *legitimados* para convocação, a saber: entidade civil, Ministério Público, ou por cinquenta ou mais cidadãos. O artigo 2º, §2º, atribui aos legitimados essa solicitação que, por sua vez, vincula o órgão do meio ambiente, pois caso a audiência seja solicitada e o órgão se recusar a realizá-la, eventual licença expedida não terá validade. Essa posição assumida pelo CONAMA cria uma hipótese de vinculação da audiência pública, isto é, embora ela seja realizada exclusivamente pelo órgão estatal, a decisão de convocá-la não é exclusividade desse órgão, cabendo também aos demais legitimados. Já a *publicidade* é mencionada no artigo 2º, §1º, que exige a publicação de edital e anúncio na imprensa local para que os legitimados, em 45 dias, se manifestem pela convocação da audiência pública. No artigo 2º, §4º, dispõe sobre a *acessibilidade* da audiência pública, exigindo que seja realizada em local de fácil acesso aos interessados. Por fim, quanto à *documentação*, fixou que ao final será lavrada ata sucinta a respeito.

Em 1987, por força da Assembleia Constituinte Nacional, encontrou-se em nosso ordenamento nova previsão da audiência pública. *A resolução n. 02 de 25 de março dispôs sobre o regimento interno da Constituinte* e, reafirmando o forte apelo democrático e a busca de ampla legitimidade que permeavam aqueles trabalhos, o artigo 14[6] obrigou a realização de audiência pública entre as subcomissões e as entidades representativas de segmentos da sociedade, além do dever de se receber as sugestões encaminhadas à Mesa ou à Comissão.

Nessa linha, a *Constituição Federal* cedeu espaço à ideia da audiência pública, gravando, desde sua redação originária, nosso

---

[6] "Art. 14. *As Subcomissões DESTINARÃO DE 5 (CINCO) A 8 (OITO) REUNIÕES PARA AUDIÊNCIA DE ENTIDADES REPRESENTATIVAS DE SEGMENTOS DA SOCIEDADE,* devendo, ainda, durante a prazo destinado aos seus trabalhos, receber as sugestões encaminhadas à Mesa ou à Comissão.
§1º Fica facultado ao Constituinte assistir às reuniões de todas as Comissões e Subcomissões, discutir o assunto em debate pelo prazo por elas estabelecido, sendo-lhe vedado o direito de voto, salvo na Comissão ou Subcomissão da qual for membro.
§2º Até 30 (trinta) dias a partir da promulgação desta Resolução, os Constituintes poderão oferecer sugestões para elaboração do Projeto de Constituição as quais serão encaminhadas pela Mesa às Comissões pertinentes.
§3º As Comissões, a partir de sua constituição, terão prazo de 65 (sessenta e cinco) dias para concluir seu trabalho, findo os quais o encaminharão à Comissão de Sistematização que, por sua vez, deverá, dentro de 30 (trinta) dias, apresentar à Mesa o Projeto de Constituição.
§4º Na hipótese de alguma Comissão não apresentar seu trabalho no prazo estipulado no parágrafo anterior, caberá ao Relator da Comissão de Sistematização a elaboração do mesmo, obedecido o prazo estabelecido no *caput* do artigo 19" (grifos nossos).

ordenamento constitucional com a exigência de utilização desse instrumento nas comissões de qualquer Casa do Congresso Nacional, conforme é possível verificar no artigo 58, §2º, II.[7]

O regimento do Senado, que é a Resolução n. 93 de 1970, sofreu uma reforma substancial pela Resolução n. 18 publicada em 19 de abril de 1989, a qual visava adequá-lo aos termos da Constituição Federal de 1988. Na ocasião, implantou os artigos 95-A, 95-D, 95-E e 95-F que, após reforma que incluiu a renumeração de artigos no regimento, teve seu teor fixado nos artigos 90, 93, 94 e 95.[8] O que vale realçar é o fato de a redação ser a mesma, isto é, desde abril de 1989 o Senado dispõe sobre audiência pública da mesma maneira, alterando-se apenas os números dos artigos.

Dos artigos mencionados é possível identificar a *competência para realização das audiências públicas* no Senado, a *finalidade*, os *legitimados para convocação*, o *procedimento*, o *meio de manifestação* e a *documentação*. A *competência para a realização* das audiências públicas no Senado é atribuída às comissões em razão de suas matérias, já a *finalidade* constitui o auxílio de suas comissões, seja para instruir matéria a ser apreciada, seja para tratar de assunto de interesse público relevante. Quanto ao rol de *legitimados para sua convocação*, além da própria Comissão, cabe também a entidades da sociedade civil, com a importante ressalva de que

---

[7] "Art. 58. O Congresso Nacional e suas Casas terão comissões permanentes e temporárias, constituídas na forma e com as atribuições previstas no respectivo regimento ou no ato de que resultar sua criação.
§2º *às comissões, em razão da matéria de sua competência, cabe:* (...)
II – *realizar audiências públicas com entidades da sociedade civil;* (...)" (grifos nossos).

[8] "*Art. 90.* Às comissões compete:
I – discutir e votar projeto de Lei nos termos do artigo 91 (Const., artigo 58, §2º, I);
II – realizar audiências públicas com entidades da sociedade civil (Const., artigo 58, §2º, II);
Art. 93. A audiência pública será realizada pela comissão para:
I – instruir matéria sob sua apreciação;
II – tratar de assunto de interesse público relevante.
§1º A audiência pública poderá ser realizada por solicitação de entidade da sociedade civil.
§2º A audiência prevista para o disposto no inciso I poderá ser dispensada por deliberação da comissão.
Art. 94. *Os depoimentos serão prestados por escrito e de forma conclusiva.*
§1º Na hipótese de haver defensores e opositores, relativamente à matéria objeto de exame, a comissão procederá de forma que possibilite a audiência de todas as partes interessadas.
§2º Os membros da comissão poderão, terminada a Leitura, interpelar o orador exclusivamente sobre a exposição lida, por prazo nunca superior a três minutos.
§3º O orador terá o mesmo prazo para responder a cada Senador, sendo-lhe vedado interpelar os membros da comissão.
Art. 95. Da reunião de audiência pública será lavrada ata, arquivando-se, no âmbito da comissão, os pronunciamentos escritos e documentos que os acompanharem.
Parágrafo único. Será admitido, a qualquer tempo, a requerimento de Senador, o traslado de peças" (grifos nossos).

o controle sobre a realização ou não da audiência cabe exclusivamente à Comissão; assim, diferente da previsão do CONAMA, aqui a solicitação não vincula o órgão realizador, o qual poderá negar essa solicitação sem incorrer em qualquer sanção. O seu *procedimento*, pela primeira vez, assume características típicas do devido processo legal com a aplicação do princípio da isonomia, determinando a paridade de exposições no caso da existência de teses opostas.

Mas o que destoa das demais previsões de audiência pública é a regra do artigo 94, *caput*, que elege como *meio de manifestação* os depoimentos escritos. Embora haja essa exigência, a oralidade também está presente nessa audiência, já que o requisito é a apresentação da exposição escrita e de forma conclusiva, mas é realizada sua leitura em viva voz, facultando aos membros da comissão interpelar o orador, esse que possui o mesmo período da interpelação para esclarecer, e por todo esse momento, a via que rege é a oralidade. Por fim, quanto à *documentação*, esse regimento também aderiu a regra, fixou que ao final será lavrada ata sucinta a respeito, conforme o artigo 95.

Atendendo o mesmo comando constitucional, *a Câmara dos Deputados publicou no dia 22 de setembro de 1989 a Resolução n. 17 que aprova seu regimento interno.* No teor desse regimento há menção[9] sobre a audiência pública, entretanto além de prever e exigir a existência dessas audiências, ousou mais e regulou seu procedimento dedicando um capítulo[10] específico ao tema.

---

[9] *"Art. 24. Às Comissões Permanentes, em razão da matéria de sua competência, e às demais Comissões, no que lhes for aplicável, cabe:*
I – discutir e votar as proposições sujeitas à deliberação do
III – *realizar audiências públicas com entidades da sociedade civil; (...)*
XIV – *solicitar audiência ou colaboração de órgãos ou entidades da administração pública direta, indireta ou fundacional, e da sociedade civil, para elucidação de matéria sujeita a seu pronunciamento,* não implicando a diligência dilação dos prazos" (grifos nossos).

[10] *CAPÍTULO III – DA AUDIÊNCIA PÚBLICA*
"Art. 255. Cada Comissão poderá realizar reunião de audiência pública com entidade da sociedade civil para instruir matéria legislativa em trâmite, bem como para tratar de assuntos de interesse público relevante, atinentes à sua área de atuação, mediante proposta de qualquer membro ou a pedido de entidade interessada.
Art. 256. Aprovada a reunião de audiência pública, a Comissão selecionará, *para serem ouvidas, as autoridades, as pessoas interessadas e os especialistas ligados às entidades participantes,* cabendo ao Presidente da Comissão expedir os convites.
§1º *Na hipótese de haver defensores e opositores relativamente à matéria objeto de exame, a Comissão procederá de forma que possibilite a audiência das diversas correntes de opinião.*
§2º O convidado deverá limitar-se ao tema ou questão em debate e disporá, para tanto, de vinte minutos, prorrogáveis a juízo da Comissão, não podendo ser aparteado.
§3º Caso o expositor se desvie do assunto, ou perturbe a ordem dos trabalhos, o Presidente da Comissão poderá adverti-lo, cassar-lhe a palavra ou determinar a sua retirada do recinto.

Nos artigos desse regimento é possível identificar a *competência para realização das audiências públicas* na Câmara dos Deputados, sua *finalidade*, os *legitimados para convocação*, o *procedimento*, o *meio de manifestação* e a *documentação*. A *competência para a realização* dessas audiências públicas é atribuída às comissões em razão de suas matérias, já a *finalidade* constitui o auxílio dessas comissões, seja para instruir matéria a ser apreciada ou para tratar de assunto de interesse público relevante. Quanto ao seu *procedimento*, segue-se a regra inaugurada pelo regimento do Senado e aplica-se à audiência pública o princípio da isonomia, determinando a paridade de exposições no caso de haver teses opostas.

Quanto ao *meio de manifestação*, ao contrário do regimento do Senado, preza-se pela oralidade e informalidade nos debates, estipulando um prazo comum de exposição (20 minutos) com possibilidade de prorrogação. Por último, a *documentação* que, seguindo a regra, exige a elaboração de ata acerca de todo o ocorrido e seu posterior arquivo.

Vale ainda mencionar que, embora tenha dedicado um capítulo exclusivo ao tema, o Regimento Interno da Câmara dos Deputados não pormenorizou demasiadamente sobre as audiências pública evitando o excesso de formalismo em seu procedimento e fixando apenas pontos cruciais para sua realização, mas deixando aos seus realizadores o menor formalismo possível e certa abertura para sua adequação à situação concreta.

Outro exemplar da audiência pública foi incorporado *na Lei Orgânica do Ministério Público* que, em seu artigo 27,[11] coloca a realização

---

§4º A parte convidada poderá valer-se de assessores credenciados, se para tal fim tiver obtido o consentimento do Presidente da Comissão.

§5º *Os Deputados inscritos para interpelar o expositor poderão fazê-lo estritamente sobre o assunto da exposição, pelo prazo de três minutos, tendo o interpelado igual tempo para responder, facultadas a réplica e a tréplica, pelo mesmo prazo, vedado ao orador interpelar qualquer dos presentes.*

Art. 257. Não poderão ser convidados a depor em reunião de audiência pública os membros de representação diplomática estrangeira.

Art. 258. Da reunião de audiência pública lavrar-se-á ata, arquivando-se, no âmbito da Comissão, os pronunciamentos escritos e documentos que os acompanharem.

Parágrafo único. Será admitido, a qualquer tempo, o traslado de peças ou fornecimento de cópias aos interessados" (grifos nossos).

[11] "Art. 27. Cabe ao Ministério Público exercer a defesa dos direitos assegurados nas Constituições Federal e Estadual, sempre que se cuidar de garantir-lhe o respeito:

I – pelos poderes estaduais ou municipais;

II – pelos órgãos da Administração Pública Estadual ou Municipal, direta ou indireta;

III – pelos concessionários e permissionários de serviço público estadual ou municipal;

IV – por entidades que exerçam outra função delegada do Estado ou do Município ou executem serviço de relevância pública.

Parágrafo único. No exercício das atribuições a que se refere este artigo, cabe ao Ministério Público, dentre outras providências:

dessas audiências como uma das providências preestabelecidas para o exercício da defesa dos direitos constitucionais que estejam previstos tanto na Constituição Federal quanto na Estadual, em especial, para garantir seu respeito pela Administração Pública Direta, Indireta e seus delegados.

Nessa previsão de audiência pública, revela-se uma função predominantemente informativa, buscando a ampla divulgação de sua realização e de seus resultados.

No mesmo ano da edição da Lei Orgânica do Ministério Público, o Brasil deu um largo passo para difundir a moralidade na Administração Pública; e, além dessa importante Lei, destacou-se *a Lei n. 8.666/93 conhecida como Lei de Licitações e Contratos Administrativos de 21 de junho de 1993.*

No teor dessa Lei, a audiência pública também foi mencionada, sua exigência provém do artigo 39[12] que se refere às licitações de grande vulto, assim consideradas aquelas cujo valor estimativo é superior a cento e cinquenta milhões de reais.

Lúcia Valle Figueiredo, em artigo sobre o tema,[13] realça que essa audiência pública não possui efeito vinculante já que a Lei não fez menção a esse efeito. Entretanto, as licitações dessa monta realizadas sem essa audiência pública deverão ser consideradas inválidas nos termos do artigo 39. Mas outros efeitos decorrem da utilização desse comando,

---

I – receber notícias de irregularidades, petições ou reclamações de qualquer natureza, promover as apurações cabíveis que lhes sejam próprias e dar-lhes as soluções adequadas; II – zelar pela celeridade e racionalização dos procedimentos administrativos; III – dar andamento, no prazo de trinta dias, às notícias de irregularidades, petições ou reclamações referidas no inciso I; IV – *promover audiências públicas e emitir relatórios, anual ou especiais, e recomendações dirigidas aos órgãos e entidades mencionadas no caput deste artigo, requisitando ao destinatário sua divulgação adequada e imediata, assim como resposta por escrito"* (grifos nossos).

[12] "Art. 39. Sempre que o valor estimado para uma licitação ou para um conjunto de licitações simultâneas ou sucessivas for superior a 100 (cem) vezes o limite previsto no artigo 23, inciso I, alínea "c" desta Lei, *o processo licitatório será iniciado, obrigatoriamente, com uma audiência pública concedida pela autoridade responsável com antecedência mínima de 15 (quinze) dias úteis da data prevista para a publicação do edital, e divulgada, com a antecedência mínima de 10 (dez) dias úteis de sua realização, pelos mesmos meios previstos para a publicidade da licitação, à qual terão acesso e direito a todas as informações pertinentes e a se manifestar todos os interessados.* Parágrafo único. Para os fins deste artigo, consideram-se licitações simultâneas aquelas com objetos similares e com realização prevista para intervalos não superiores a trinta dias e licitações sucessivas aquelas em que, também com objetos similares, o edital subsequente tenha uma data anterior a cento e vinte dias após o término do contrato resultante da licitação antecedente (Redação dada pela Lei n. 8.883, de 1994)" (grifos nossos).

[13] FIGUEIREDO, Lúcia Valle. Instrumentos da administração consensual: audiência pública e sua finalidade. *Revista Eletrônica de Direito Administrativo Econômico – REDAE*, Salvador, Instituto Brasileiro de Direito Público, v. 11, ago./out. 2007. Disponível em: <www.direitodoestado.com.br/redae.asp>. Acesso em: 5 jan. 2011.

por isso a autora busca, por raciocínio lógico jurídico, a identificação desses efeitos.

O primeiro grande efeito é a inversão do ônus da prova em eventual controle, isto é, deve a Administração provar que sua opção, embora contrária ao resultado da audiência pública, deve ser mantida por razões que devem ser explicitadas e fundamentadas.

Nessa previsão em nosso ordenamento jurídico, a audiência pública se apresenta como requisito a um gasto público vultuoso, exigindo sua publicidade e realização para que a sociedade civil conheça pormenorizadamente aquele vultuoso projeto que a Administração Pública pretende executar. Além do direito a ampla informação, preza-se também pelo franqueamento da palavra aos interessados, os quais podem expor suas opiniões a respeito. Frise-se que franqueará a manifestação a todos, não podendo a Administração bloquear esse acesso, entretanto não há previsão expressa de documentação do teor dessa audiência, podendo esvaziar o conteúdo mínimo desse dispositivo, já que todo o ocorrido em audiência ficaria fadado à sua reprodução por aqueles que dela participaram, facilitando a deturpação de seu conteúdo, podendo se transformar em mecanismo flutuante que oscila a favor do interesse político não se perpetuando nos autos. Entretanto, o artigo 51, §3º,[14] da mesma Lei, exige que a Comissão lavre ata de seus atos e o artigo 3º elenca a publicidade como um dos seus princípios, assim a lavratura de ata a respeito da audiência pública deve fazer parte da prática da Administração Pública, sob pena de esvaziar o conteúdo mínimo da exigência de audiência pública.

Nessa esteira também se revela o entendimento de Lúcia Valle Figueiredo[15] que, sobre o assunto, defende seu registro em ata e, justamente por sua existência, prevê o desencadeamento de efeitos:

> Utilizando-nos da teoria da linguagem, podemos afirmar que a audiência pública é um evento, que, depois, feita a competente ata,

---

[14] "Art. 51. A habilitação preliminar, a inscrição em registro cadastral, a sua alteração ou cancelamento, e as propostas serão processadas e julgadas por comissão permanente ou especial de, no mínimo, 3 (três) membros, sendo pelo menos 2 (dois) deles servidores qualificados pertencentes aos quadros permanentes dos órgãos da Administração responsáveis pela licitação.
§3º Os membros das Comissões de licitação responderão solidariamente por todos os atos praticados pela Comissão, salvo se posição individual divergente estiver devidamente fundamentada e registrada em ata lavrada na reunião em que tiver sido tomada a decisão."

[15] FIGUEIREDO, Lúcia Valle. Instrumentos da administração consensual: audiência pública e sua finalidade. *Revista Eletrônica de Direito Administrativo Econômico – REDAE*, Salvador, Instituto Brasileiro de Direito Público, v. 11, ago./out. 2007. Disponível em: <www.direitodoestado.com.br/redae.asp>. Acesso em: 5 jan. 2011.

CAPÍTULO 1
AUDIÊNCIA PÚBLICA | 31

documentando-a passa a ser relevante para o Direito como fato administrativo, pois jurisdicizado, e absolutamente necessário para compor o procedimento, a preceder – nesses casos assinalados [artigo 39] – o ato administrativo do edital. Portanto, temos a necessidade de um fato jurídico preliminar ao edital para validá-lo, fato jurídico este que será documentado pela ata de audiência, esta constituindo-se no ato administrativo inicial do procedimento.

Outro diploma legal que adotou a audiência pública e merece destaque é a *Lei n. 9.247 de 26 de dezembro de 1996 que institui a agência nacional de energia elétrica (ANEEL)* em seu artigo 4º, §3º,[16] dispõe que essa audiência é um requisito a todo processo decisório que afete os direitos dos agentes econômicos do setor elétrico ou dos consumidores.

A Lei do Processo Administrativo Federal de n. 9.784 de 29 de janeiro de 1999, que ficou conhecida como uma Lei vanguardista por conter previsões ousadas em diversos setores, notadamente àqueles responsáveis pelo crescente dinamismo do processo administrativo, implicando em sua desburocratização e trazendo como consequência a celeridade a essa espécie de processo, não deixou de contemplar a audiência pública. Destinou os artigos de 32 a 35[17] à sua realização e deixou claro em seu texto o carâter participativo atribuído a essa audiência, indo além do mero mecanismo de informação aos interessados para encampar o instrumento de participação desse público.

Nos artigos mencionados é possível identificar uma forte discricionariedade destinada à autoridade que realiza a audiência pública. Ao contrário da maioria dos regramentos, essa previsão preferiu deixar ao arbítrio dessas autoridades as questões de *competência para realização*

---

[16] "Art. 4º A ANEEL será dirigida por um Diretor Geral e quatro Diretores, em regime de colegiado, cujas funções serão estabelecidas no ato administrativo que aprovar a estrutura organizacional da autarquia.
§3º *O processo decisório que implicar afetação de direitos dos agentes econômicos do setor elétrico ou dos consumidores*, mediante iniciativa de projeto de Lei ou, quando possível, por via administrativa, *será precedido de audiência pública convocada pela ANEEL"* (grifos nossos).

[17] "Art. 32. Antes da tomada de decisão, a juízo da autoridade, diante da relevância da questão, *poderá ser realizada audiência pública para debates sobre a matéria do processo".*
Art. 33. Os órgãos e entidades administrativas, em matéria relevante, *poderão estabelecer outros meios de participação de administrados*, diretamente ou por meio de organizações e associações legalmente reconhecidas.
Art. 34. *Os resultados da consulta e audiência pública e de outros meios de participação de administrados deverão ser apresentados com a indicação do procedimento adotado.*
Art. 35. Quando necessária à instrução do processo, *a audiência de outros órgãos ou entidades administrativas poderá ser realizada em reunião conjunta*, com a participação de titulares ou representantes dos órgãos competentes, lavrando-se a respectiva ata, a ser juntada aos autos" (grifos nossos).

das audiências públicas no âmbito do processo administrativo federal, *seu procedimento e meio de manifestação*. Embora a *competência para a realização* dessas audiências públicas não tenha sido definida, o artigo 32 atribui à autoridade que deve decidir no processo o único *legitimado para convocar* essa espécie de audiência, ficando à sua decisão quem e como se realizará essa audiência; já a *finalidade* constitui o auxílio desse julgamento com o debate da matéria. Quanto ao seu *procedimento*, não há previsão específica facultando a autoridade competente a adoção do procedimento que melhor lhe convier, essa mesma sorte é encontrada diante do meio de manifestação, já que não há qualquer regra que obriga ou proíba a oralidade. Mas o artigo 35 dispõe sobre a *documentação* e, seguindo a regra, exige ata de todo o ocorrido e seu arquivo nos autos. O artigo 33 simplifica e realça o caráter participativo que se atribui à audiência pública, facultando aos órgãos e às entidades da Administração estabelecer outros meios de participação de administrados.

O artigo 34, embora dotado de redação simples e concisa, traz uma regra eficaz para frutificar a audiência pública, isto é, para que a audiência pública não se torne mero adorno processual, esse dispositivo obriga que seus resultados sejam expostos em conjunto com a decisão tomada. Assim cria-se uma espécie de vinculação atribuída a essa audiência, pois obriga a apresentação de seu resultado e da decisão final, possibilitando o confronto direto entre a audiência e a decisão, o que – ao menos indiretamente – força a autoridade competente a adequar sua decisão aos resultados da audiência. Dessa forma a decisão pode adotar ou não as propostas resultantes dos debates realizados, e, contudo, deverá justificar essa posição, não podendo omitir os frutos da audiência pública.

Outra peculiaridade dessa Lei, que deriva do apelo participativo que lhe deu origem, é a previsão da consulta pública como outro mecanismo de participação do administrado, e embora não deva ser confundida com a audiência pública, diante da proximidade de ambas vale diferenciá-los.

A consulta pública está prevista no artigo 31[18] da Lei e, em seu §1º, esclarece a principal diferença perante a audiência pública: a consulta

---

[18] "Art. 31. Quando a matéria do processo envolver assunto de interesse geral, o órgão competente poderá, mediante despacho motivado, abrir período de consulta pública para manifestação de terceiros, antes da decisão do pedido, se não houver prejuízo para a parte interessada.

§1º A da consulta pública será objeto de divulgação pelos meios oficiais, a fim de que pessoas físicas ou jurídicas possam examinar os autos, *fixando-se prazo para oferecimento de alegações escritas*" (grifos nossos).

CAPÍTULO 1
AUDIÊNCIA PÚBLICA | 33

pública é escrita e por essa razão tem um procedimento distinto da audiência pública que é essencialmente oral.

Nessa esteira, mas com características ainda mais inovadoras é que surgiu, no cenário nacional, *a Lei n. 9.868, de 10 de novembro de 1999, e a Lei n. 9.882, de 3 de dezembro de 1999*. A primeira se refere ao processo e julgamento da ação direta de inconstitucionalidade (por ação e omissão) e da ação declaratória de constitucionalidade perante o Supremo Tribunal Federal; e a outra, à arguição de descumprimento de preceito fundamental. Esse tema, entretanto, será explorado no Capítulo 2, que trata do regime jurídico da audiência pública no STF.

Outra Lei que adotou a audiência pública é a de *n. 10.257 de 10 de julho de 2001*, que estabelece diretrizes gerais da política urbana e ficou conhecida como o *Estatuto da Cidade*. Há menção sobre as audiências públicas nos artigos 2º, XIII; 40, I; 43, II, e 44.[19] O artigo 2º expõe as diretrizes gerais que pautam a política urbana e, em seu inciso XIII, eleva a audiência pública como uma das diretrizes nos processos de implantação de empreendimentos ou atividades com impacto ambiental, ou com prejuízos ao conforto, ou a segurança da população. O artigo 40 que trata do plano diretor exige, pelo §4º, I, a audiência pública em seu processo de elaboração, impondo aos Poderes Legislativo e Executivo municipais a garantia desses debates. O artigo 43, II, busca a garantia da gestão democrática e impõe o uso, dentre outros instrumentos, da

---

[19] "Art. 2º A política urbana tem por objetivo ordenar o pleno desenvolvimento das funções sociais da cidade e da propriedade urbana, mediante as seguintes diretrizes gerais:
XIII – *audiência do Poder Público municipal e da população interessada* nos processos de implantação de empreendimentos ou atividades com efeitos potencialmente negativos sobre o meio ambiente natural ou construído, o conforto ou a segurança da população;
Art. 40. O *plano diretor*, aprovado por Lei municipal, é o instrumento básico da política de desenvolvimento e expansão urbana.
§1º O plano diretor é parte integrante do processo de planejamento municipal, devendo o plano plurianual, as diretrizes orçamentárias e o orçamento anual incorporar as diretrizes e as prioridades nele contidas.
§2º O plano diretor deverá englobar o território do Município como um todo.
§3º A Lei que instituir o plano diretor deverá ser revista, pelo menos, a cada dez anos.
§4º *No processo de elaboração do plano diretor e na fiscalização de sua implementação, os Poderes Legislativo e Executivo municipais garantirão*:
I – *a promoção de audiências públicas e debates com a participação da população e de associações representativas dos vários segmentos da comunidade*;
Art. 43. Para *garantir a gestão democrática da cidade, deverão ser utilizados*, dentre outros, os seguintes instrumentos:
I – órgãos colegiados de política urbana, nos níveis nacional, estadual e municipal;
II – *debates, audiências e consultas públicas*;
Art. 44. No âmbito municipal, a *gestão orçamentária participativa* de que trata a alínea *f* do inciso III do artigo 4º desta Lei *incluirá a realização de debates, audiências e consultas públicas* sobre as propostas do plano plurianual, da Lei de Diretrizes Orçamentárias e do orçamento anual, *como condição obrigatória para sua aprovação pela Câmara Municipal*" (grifos nossos).

audiência pública. O artigo 44 impõe, dentre outras, a obrigação de realização de audiência pública na gestão orçamentária participativa para que debatam as propostas do plano plurianual da Lei de Diretrizes Orçamentárias e do Orçamento Anual.

1.2 A audiência pública no exercício das funções estatais

Pelo traçado histórico da audiência pública em nosso ordenamento jurídico é possível visualizar pontos comuns que unidos podem apresentar um *primeiro conceito de audiência pública*. Portanto, nessa esteira, a *audiência pública pode ser conceituada como um instrumento que auxilia a tomada de decisões, permitindo o diálogo entre a autoridade que decide e a sociedade que conhece as peculiaridades do objeto da decisão, seja pela* expertise *na área, seja por ser sujeito direto ou indireto dos efeitos da decisão que se seguirá. Sua condução se dá, necessariamente, pela oralidade e é pautada pela elevada transparência, atribuindo maior substrato factual para a autoridade que decide, além de ampliar a legitimidade dessa decisão.*

Pelo percurso histórico da audiência pública no ordenamento jurídico brasileiro foi possível identificar sua existência em todas as funções do Estado, isto é, no Executivo, no Legislativo e no Judiciário. Vale pormenorizar essa presença e relacionar traços comuns e díspares diante de uma comparação das audiências públicas previstas no âmbito da atividade da Administração Pública, da atividade legislativa e da atividade jurisdicional.

1.2.1 Na atividade da Administração Pública

Antes de iniciar esse subitem, importa esclarecer o porquê se adota a expressão "no âmbito da Administração Pública" optando por não se limitar à atuação no âmbito do Executivo, embora essa seja a função estatal mais expressiva e constantemente confundida com a própria Administração Pública. Por isso vale a diferenciação desde já adotando as palavras de André Ramos Tavares[20] que sintetiza a problemática da seguinte maneira: a Administração Pública direta "é o próprio Poder Executivo e, no que se refere às funções atípicas (administrativas) os demais poderes (Legislativo e Judiciário)".

---

[20] TAVARES, André Ramos. *Curso de direito constitucional*. 8. ed. São Paulo: Saraiva, 2010. p. 1316.

Assim, considerando o uso e a aplicação da audiência pública no âmbito da Administração Pública, pretende-se estender essa menção a todos os poderes (ou funções) desde que atuem como Administração Pública. É nesse contexto que figura a previsão de audiência pública por licitações de grande vulto (artigo 39 da Lei n. 8.666/93), sua aplicação se dará em qualquer das funções estatais desde que atue como Administração Pública, mas é evidente que a predominância dessa atividade cabe sim ao Executivo.

Gustavo Henrique Justino de Oliveira,[21] ao analisar as audiências públicas no âmbito da Administração Pública, ressalta a importância do processo como meio de exercício da administração, a aplicação irrestrita dos princípios constitucionais a respeito e aponta os pontos positivos de sua realização:

> Visando um melhor conteúdo e eficácia das decisões administrativas cujos efeitos recaiam sobre a população, ao Poder Público impende dignificar a fase instrutoria dos processos correspondentes, ampliando as possibilidades de fornecer e angariar informações úteis, necessárias, inclusive, para o correto desempenho da função administrativa.

> Um primeiro ponto a ser considerado é que a discussão travada em sede de audiências organizadas pela Administração enseja uma maior publicidade e transparência no que tange à condução dos assuntos que envolvem a coletividade, aplicação concreta do princípio da publicidade, insculpido no artigo 37, *caput*, da Lei Maior. Em segundo lugar, possibilita aos cidadãos maior e melhor informação e conhecimento sobre as diretrizes dos órgãos administrativos, harmonizando-se com o preconizado no artigo 5º, inc. XXXIII, da Constituição da República.

> Este caráter informativo integra, ainda, as garantias constitucionais do contraditório e da ampla defesa, previstas no artigo 5º, inc. LV.

> Contudo, possível é afirmar que as audiências públicas exercem um duplo papel informativo. De um lado, propiciam a obtenção de dados por parte dos cidadãos; de outro, habilitam o órgão administrativo 'decididor', tornando-o apto a emitir um provimento mais acertado e mais justo, pois estabelece um maior conhecimento acerca da situação subjacente à decisão administrativa.

> Para sua efetividade, as audiências devem ser realizadas antes da edição de decisões gerais, ou anteriormente à aprovação de um projeto de grandes proporções (*v.g.* alteração no plano urbanístico de um município, construção de um aeroporto).

---

[21] OLIVEIRA, Gustavo Henrique Justino de. As audiências públicas e o processo administrativo brasileiro. *Revista de Direito Administrativo*, Rio de Janeiro, v. 209, p. 153-167, jul./set. 1997.

Nesse rol de audiências públicas, dentre as normas e atos que mencionamos, se inserem as previstas nas resoluções do CONAMA; na Lei de Licitações n. 8.666/93; na Lei n. 9.247/96 que institui a agência reguladora de energia elétrica (ANEEL); na lei que regula o processo administrativo federal, Lei n. 9.784/99; e no estatuto da cidade, Lei n. 10.257/2001.

1.2.2 Na atividade legislativa

A previsão de audiência pública na Resolução n. 2 de 1987 que instituiu o regimento interno da Constituinte fez surgir, na seara legislativa, uma série de normas a seu respeito. Dentre as normas apresentadas na presente obra, pode-se selecionar aquelas que atuam no âmbito legislativo, iniciando pela própria Constituição do Brasil que, em seu artigo 58, §2º, II, atribui essa espécie de audiência como uma das competências das comissões de ambas as Casas, e, nessa esteira, o regimento interno do Senado e da Câmara dos Deputados.

Como é previsível, essa disposição constitucional provoca um efeito cascata, sendo repetida por Constituições e demais normas de diversos Estados-membros e Municípios, o que pode explicar a grande difusão desse instrumento na atividade legislativa. Apenas para ilustrar essa referência, apontamos alguns dispositivos da Constituição do Estado de São Paulo que mencionam essa espécie de audiência, quais sejam, os artigos[22] 13, §1º, 6º, 192, §2º, e 272.

---

[22] "Art. 13. A Assembleia Legislativa terá Comissões permanentes e temporárias, na forma e com as atribuições previstas no Regimento Interno. "§1º *Às comissões, em razão da matéria de sua competência, cabe: (...) "6 – realizar audiências públicas dentro ou fora da sede do Poder Legislativo*; (...).

Art. 192 A execução de obras, atividades, processos produtivos e empreendimentos e a exploração de recursos naturais de qualquer espécie, quer pelo setor público, quer pelo privado, serão admitidas se houver resguardo do meio ambiente ecologicamente equilibrado.

§1º A outorga de licença ambiental, por órgão ou entidade governamental competente, integrante de sistema unificado para esse efeito, será feita com observância dos critérios gerais fixados em Lei, além de normas e padrões estabelecidos pelo Poder Público e em conformidade com o planejamento e zoneamento ambientais.

§2º *A licença ambiental*, renovável na forma da Lei, para a execução e a exploração mencionadas no *caput* deste artigo, quando potencialmente causadoras de significativa degradação do meio ambiente, *será sempre precedida, conforme critérios que a legislação especificar, da aprovação do Estudo Prévio de Impacto Ambiental e respectivo relatório a que se dará prévia publicidade, garantida a realização de audiências públicas.*

Art. 272. *O patrimônio físico, cultural e científico dos museus, institutos e centros de pesquisa da administração direta, indireta e fundacional são inalienáveis e intransferíveis, sem audiência da comunidade científica e aprovação prévia do Poder Legislativo.*

Na Lei Orgânica do Município de São Paulo, dentre os dispositivos que tratam da audiência pública, os artigos 32[23] e 41[24] que se referem às comissões da Câmara de Vereadores ilustram o efeito do artigo 58, §2º, II, da Constituição Federal.

1.2.3 Na atividade do Judiciário

A existência de audiência pública no âmbito da atividade jurisdicional é um claro exemplo da transformação da função judiciária no Estado brasileiro. Até pouco tempo seria impossível imaginar tal instrumento na atividade jurisdicional, pois, é patente o distanciamento que esse poder (ou função) no Brasil mantém da sociedade. Situação mencionada por Roberto Baptista Dias:[25]

> O Judiciário sempre foi considerado o mais hermético dos poderes. Talvez pela linguagem utilizada por aqueles que lidam com o direito, as vestimentas sóbrias dos juízes, a forma de acesso ao cargo, a necessidade de se mostrar imparcial, talvez por tudo isso o Judiciário sempre se manteve a uma distância 'segura' da população.

A ideia de participação dos cidadãos nas atividades da Administração Pública, em especial do próprio Executivo, e nas atividades legislativas encontram fundamento na já esperada manutenção e

---

Parágrafo único. O disposto neste artigo não se aplica à doação de equipamentos e insumos para a pesquisa, quando feita por entidade pública de fomento ao ensino e à pesquisa científica e tecnológica, para outra entidade pública da área de ensino e pesquisa em ciência e tecnologia" (grifos nossos).

[23] "Art. 32. A *Câmara terá Comissões permanentes e temporárias*, constituídas na forma e com as atribuições previstas no respectivo Regimento ou no ato de que resultar a sua criação.
§1º Em cada Comissão será assegurada, tanto quanto possível, a representação proporcional dos partidos que participam da Câmara.
§2º *Às Comissões, em razão da matéria de sua competência, cabe*: (...)
VIII – *realizar audiências públicas*; (...)
§3º *As Comissões permanentes deverão, na forma estabelecida pelo Regimento Interno, reunir-se em audiência pública especialmente para ouvir representantes de entidades legalmente constituídas, ou representantes de no mínimo 1.500 (um mil e quinhentos) eleitores* do Município que subscrevam requerimento sobre assunto de interesse público, *sempre que essas entidades ou eleitores o requererem"* (grifos nossos).

[24] "Art. 41. A *Câmara Municipal, através de suas Comissões Permanentes, na forma regimental e mediante prévia e ampla publicidade, convocará obrigatoriamente pelo menos 2 (duas) audiências públicas durante a tramitação de projetos de Leis que versem sobre:*
§2º *Serão realizadas audiências públicas durante a tramitação de outros projetos de Leis mediante requerimento de 0,1% (um décimo por cento) de eleitores do Município"* (grifos nossos).

[25] DIAS, Roberto Baptista. Supremo na redoma. *O Estado de S.Paulo*, São Paulo, 12 set. 2010.

reafirmação da legitimação de suas ações, afinal, as autoridades com poder decisório são os eleitos pelos votos dessa mesma sociedade que tem o poder do voto, tornando patente a íntima relação que se guarda entre eleitores e eleitos, assim, o chamamento da sociedade para a realização do diálogo parece plenamente justificável pela lógica, tomando por base essa estreita relação. Entretanto, o mesmo raciocínio não se aplicaria, ao menos de antemão, à atividade jurisdicional brasileira, pois, além de não serem eleitos, suas decisões devem ser pautadas na mais profunda imparcialidade.

Será que a distância entre Judiciário e sociedade é fundamental para a manutenção da imparcialidade? Entendemos que não, embora a aproximação entre ambos ainda sofre forte resistência. Talvez por isso que diante da atividade jurisdicional brasileira de primeira instância não encontramos um tratamento jurídico a essas audiências, salvo a previsão que será estudada adiante que se refere à Justiça Constitucional e será explorada em subitem próprio.

Embora haja esse vácuo legislativo a respeito do uso da audiência pública na atividade jurisdicional, já se tornou comum as audiências públicas realizadas pelo Poder Judiciário no exercício de suas funções atípicas, como é o caso das audiências públicas eleitorais, promovidas pelo Tribunal Superior Eleitoral a respeito da normatização das eleições. Nesse caso, no exercício do poder normativo atribuído à Justiça Eleitoral, antes de deliberar e editar as resoluções que regularão os pormenores das eleições realiza-se audiências públicas, para as quais são convidadas para participar todas lideranças partidárias, empresas de pesquisas de opinião, veículos de comunicação, dentre outros. Os participantes não são limitados apenas a ouvintes, pois participam ativamente da elaboração das regras que se submeterão opinando e debatendo pontos fundamentais e levando aos Ministros potente substrato para compor e exercer o poder normativo nessa função tão atípica atribuída à Justiça Eleitoral brasileira. Apenas a título de exemplo para as eleições de 2012 foram realizadas entre 10 de agosto e 19 de setembro de 2011 quatro audiências públicas cada uma com um tema específico para ser debatido, para as eleições gerais em 2010 foram realizadas oito audiências públicas no Tribunal Superior Eleitoral, sendo a primeira realizada em 2 de dezembro de 2009 e a oitava em 15 de julho de 2010.

Outro exemplo da utilização da audiência pública no Judiciário, ainda em função atípica, são as audiências realizadas pelos Corregedores Gerais de Justiça, reunindo a população local para ouvir suas opiniões, sugestões e reclamações a respeito da prestação do serviço jurisdicional, dando atenção especial aos comentários a respeito do exercício profissional dos operadores do Judiciário. Aqui também a audiência pública provém de atividade atípica do Judiciário, especificamente diante de sua atividade administrativa. Como a presidida pela Corregedora Nacional de Justiça Eliana Calmon no Tribunal de Justiça do Mato Grosso do Sul, cujo discurso[26] de abertura mencionou:

> Não viemos apurar se há justiça ou injustiça em decisões. Vamos verificar questões administrativas, disciplinares e de gestão (...)
>
> (...) É o momento do jurisdicionado, que é o destinatário da Justiça, dizer o que para ele não está correto no funcionamento do Judiciário (...)
>
> (...) Precisamos lembrar que acima do Judiciário está o povo brasileiro.

Mas na atividade jurisdicional, propriamente dita, além das previsões no Supremo Tribunal Federal que será objeto de subitem próprio, o Tribunal Superior do Trabalho inovou por meio do Ato Regimental n. 1 de 24 de maio de 2011 alterando seu regimento interno para nele constar a previsão e procedimento da audiência pública.

Por meio desse ato incluiu os incisos[27] XXXVI e XXXVII no artigo 35 que especifica a competência do presidente do TST. Por essa inovação regimental o TST atribui ao presidente convocar audiências públicas podendo agir de ofício ou a requerimento aprovado pela maioria dos integrantes de cada uma das seções ou de suas subseções especializadas.

Essas audiências públicas servirão para ouvir o depoimento de pessoas com experiência e autoridade em determinada matéria, sempre que entender necessário o esclarecimento de questões ou circunstâncias de fato, subjacentes a dissídio de grande repercussão social ou econômica, pendente de julgamento no âmbito do Tribunal.

O Ato Regimental n. 1 de 2011 também inseriu o artigo 189-A que regula o procedimento da audiência pública da seguinte maneira:

---

[26] Informação obtida no *site Última Instância* na rede mundial de computadores. Disponível em: <http://ultimainstancia.uol.com.br/conteudo/noticia/AUDIENCIA+PUBLICA+E+INSTRU MENTO+DE+DEMOCRATIZACAO+DA+JUSTICA+DIZ+ELIANA+CALMON_72243. shtml>. Acesso em: 10 mar. 2011.

[27] "*XXXVI* – excepcionalmente, *convocar audiência pública*, de ofício ou a requerimento de cada uma das Seções Especializadas ou de suas Subseções, pela maioria de seus integrantes, *para ouvir o depoimento de pessoas com experiência e autoridade em determinada matéria, sempre que entender necessário o esclarecimento de questões ou circunstâncias de fato, subjacentes a dissídio de grande repercussão social ou econômica, pendente de julgamento no âmbito do Tribunal.* (Incluído pelo Ato Regimental n. 1/2011)
XXXVII – *decidir, de forma irrecorrível*, sobre a manifestação de terceiros, subscrita por procurador habilitado, *em audiências públicas.*" (Incluído pelo Ato Regimental n. 1/2011) (grifos nossos).

I – o despacho que a convocar será amplamente divulgado e fixará prazo para a indicação das pessoas a serem ouvidas;

II – havendo defensores e opositores relativamente à matéria objeto da audiência, será garantida a participação das diversas correntes de opinião;

III – caberá ao presidente do Tribunal selecionar as pessoas que serão ouvidas e divulgar a lista dos habilitados, sem prejuízo das que entender devam ser indicadas, determinando a ordem dos trabalhos e fixando o tempo que cada um disporá para se manifestar;

IV – o depoente deverá limitar-se ao tema ou questão em debate;

V – a audiência pública poderá ser transmitida pela TV Justiça, pela Rádio Justiça e pela rede mundial de computadores;

VI – os trabalhos da audiência pública serão registrados e juntados aos autos do processo, quando for o caso, ou arquivados no âmbito da presidência do Tribunal;

VII – os casos omissos serão resolvidos pelo presidente do Tribunal ou, se for o caso, pelo ministro que presidir a audiência.

Após o amparo regimental, o Tribunal Superior do Trabalho realizou sua primeira audiência pública em 4 e 5 de outubro de 2011 sobre o polêmico tema da terceirização de mão de obra. Na ocasião contou com 221 inscrições para participação na audiência, sendo selecionado 49 participantes, em manifestação a respeito dos critérios de seleção o presidente do TST. João Oreste Dalazen declarou[28] que: "a seleção pautou-se pelo critério central de garantir, tanto quanto possível, a participação equilibrada dos diversos segmentos da sociedade a que a questão está afeta e, sobretudo, a participação paritária de representantes do capital e do trabalho."

Além do exemplo do Tribunal de cúpula trabalhista vale mencionar a inovação que a Lei n. 9.868 de 1999 trouxe ao dar nova redação ao artigo 482 do Código de Processo por meio da inclusão de três parágrafos. Esse dispositivo trata do incidente de inconstitucionalidade e seu §1º faculta manifestação ao Ministério Público e às pessoas jurídicas de direito público que editaram o ato questionado de acordo com os ditames do Regimento Interno de cada Tribunal. Embora haja essa faculdade cabe lembrar que por força do artigo 82, III, do Código de Processo Civil, sua participação é obrigatória nas causas de interesse

---

[28] Disponível em: <http://www.conjur.com.br/2011-set-07/audiencia-publica-terceirizacao-tst-49-participantes>. Acesso em: 23 dez. 2011.

público.[29] No segundo parágrafo faculta a participação dos legitimados a propor a ação direta de inconstitucionalidade, entretanto, limita essa participação à apresentação de memoriais ou juntada de documentos. No último parágrafo incluído pela Lei n. 9.868/99 foi conferido ao relator do incidente de inconstitucionalidade a possibilidade de admitir a manifestação de outros órgãos e entidades, isto é, por memoriais como fez §1º, ou oralmente em audiência pública, a doutrina[30] quando se debruçou sobre o tema interpretou como a possibilidade de admissão de *amici curiarum* neste incidente. Entretanto o parágrafo deixa em aberto o veículo para manifestação, o que, nos permite entender que esse parágrafo permite tanto a adoção de *amici curiarum* como os participantes em audiência pública.

Em que pese a ausência de diploma legislativo a respeito, existem exemplos da realização de audiência pública, em especial nos autos de ação civil pública. Esses exemplos são – ao menos por enquanto – escassos, mas selecionamos dois casos que serão expostos a seguir. Dentre eles mencionamos a audiência pública realizada no município de Viseu,[31] localizado a cerca de 300 quilômetros de Belém no Pará. Essa audiência foi realizada no dia 24 de fevereiro de 2011 e se desenvolveu por força de uma Ação Civil Pública promovida pela Defensoria Pública que requereu, entre outras medidas, que a empresa Centrais Elétricas do Pará S.A. (CELPA) seja obrigada a prestar o fornecimento de energia elétrica de forma continuada, que não seja cobrado da população o serviço não realizado e que a empresa seja aplicada multa diária no valor de dez mil reais por descumprimento da obrigação de fazer. Na ocasião, por força de um agravo de instrumento em face da liminar deferida, a Desembargadora Luzia Nadja Guimarães Nascimento recomendou que o juiz de direito realizasse a audiência pública para ouvir todos os interessados antes de decidir sobre questão.

Assim, o Juiz Lauro Alexandrino Santos, titular da comarca, fixou edital de convocação da audiência pública consignando que todas as manifestações seriam gravadas em áudio e subsidiarão na decisão do juiz. A audiência pública foi realizada no dia 24 de fevereiro de 2011

---

[29] MARTINS, Ives Gandra da Silva; MENDES, Gilmar Ferreira. *Controle concentrado de constitucionalidade*. 3. ed. São Paulo: Saraiva, 2009. p. 622.

[30] MARTINS, Ives Gandra da Silva; MENDES, Gilmar Ferreira. *Controle concentrado de constitucionalidade*. 3. ed. São Paulo: Saraiva, 2009. p. 623.

[31] Informação obtida no *site Jusbrasil* na rede mundial de computadores. Disponível em: <http://www.jusbrasil.com.br/noticias/2582324/justica-de-viseu-realizou-audiencia-publica-para-ouvir-municipes-sobre-servico-prestado-pela-celpa-s-a>. Acesso em: 10 mar. 2011.

no salão paroquial da Igreja Matriz de Viseu e mobilizou a população local, contando com a presença das autoridades municipais, advogados e representantes da empresa e órgãos reguladores de energia elétrica.

A primeira instância da Justiça Federal também realizou audiência pública em São Paulo no dia 13 de janeiro de 2010 nos autos da Ação Civil Pública n. 2009.61.00.007033-0 convocada e presidida pelo juiz Douglas Camarinha Gonzales, da 7ª Vara Cível. O objetivo da audiência teve seu ponto central na obtenção de esclarecimentos técnicos sobre a Resolução n. 330 de 2009 do Conselho Nacional de Trânsito (CONTRAN) e sobre a Portaria n. 253 de 2009 do Departamento Nacional de Trânsito (DENATRAN) que impõe às montadoras de automóveis a instalação de sistema de monitoramento e antifurto nos veículos a produzir. Foram cinco horas de duração e estiveram presentes representantes do Ministério Público Federal, Departamento Nacional de Trânsito, Agência Nacional de Telecomunicações (ANATEL), Serviço Federal de Processamento de Dados (SERPRO), Associação Nacional dos Fabricantes de Veículos Automotivos (ANFAVEA), Associação Brasileira dos Fabricantes de Motocicletas, Ciclomotores, Motonetas, Bicicletas e Similares (ABRACICLO), Instituto de Pesquisas Tecnológicas (IPT), Associação brasileira das Empresas de Gerenciamento de Riscos e Tecnologia de Rastreamento e Monitoramento (GRISTEC) e representantes de montadoras.

Embora não tenha sido objeto de preocupação do legislador (ou dos Tribunais em sede do exercício de sua função atípica normativa – ao menos na primeira instância), a audiência pública se popularizou por todo o Estado e por consequência atingiu todas suas funções e atividades, percebendo a adoção dessa prática inclusive pelo Judiciário. O Judiciário, ainda que – de certa maneira – distante da audiência pública, passa a buscar alternativa para ouvir a sociedade, além disso o Supremo Tribunal Federal, como além de Tribunal Constitucional é órgão de cúpula do Judiciário brasileiro, se presta ao papel de paradigma para toda a Justiça brasileira, inspirando cada vez mais a adoção desse instrumento.

1.3 A audiência pública no âmbito da atividade do Tribunal Constitucional

Neste subitem exploraremos a audiência pública no âmbito da atividade do Tribunal Constitucional, partindo da premissa encontrada anteriormente, isto é, da escassez de exemplos diante do Poder Judiciário.

Diante disso, tomando por objeto os Tribunais Constitucionais a Ministra Marisol Peña Torres do Tribunal Constitucional do Chile, no artigo que submeteu à Segunda Conferência Mundial de Justiça Constitucional,[32] ao expor sobre os procedimentos de operação das Cortes Constitucionais, iniciou examinando as audiências públicas no Direito Comparado grifando que não se encontram casos frequentes nos Tribunais Constitucionais, pois não se costuma convocar audiências públicas destinadas a ouvir pessoas de diferentes setores ou entidades integrantes da sociedade civil que possuam algum interesse a respeito. Como um dos raros exemplares dessa aproximação, cita o tímido Decreto n. 2.067 de 1991, que regula o processo de inconstitucionalidade da Colômbia e que prevê a possibilidade de que um integrante da Corte proponha que se convoque audiência para ouvir aqueles que participaram de sua elaboração e o demandante para que respondam perguntas destinadas a aprofundar os argumentos expostos, cabendo à Corte, por maioria, decidir sobre a realização ou não dessa audiência – versão ainda muito distante da audiência pública. Outro exemplar mencionado foi a Lei de Amparo da Guatemala[33] cujo artigo 139 dispõe que se realizará oitiva por quinze dias comuns do Ministério Público e de quaisquer autoridades ou entidades que a Corte de Constitucionalidade estime pertinente, mas se transcorrido esse prazo, independente da realização ou não dessa oitiva, de ofício, fixará dia e hora para a audiência.

A autora também realça[34] a existência das audiências públicas no Chile, expondo seu fundamento na supremacia constitucional que reveste o processo de inconstitucionalidade da Lei e no artigo 37 da Lei Orgânica do Tribunal Constitucional chileno[35] que autoriza o Tribunal a decretar as medidas mais adequadas para resolução da questão, podendo ouvir no processo outras pessoas, instituições ou grupos que

---

[32] TORRES, Marisol Peña. *Las audiencias públicas en los procedimientos de inconstitucionalidad de la ley: la experiencia del Tribunal Constitucional de Chile.* Disponível em: <http://www.venice.coe.int/WCCJ/Rio/Papers/CHI_Penna%20Torres_ESP.pdf>. Acesso em: 10 jan. 2011. Artigo submetido a II Conferencia Mundial de Justiça Constitucional.

[33] Decreto n. 1-86. Ley de Amparo, Exhibición Personal e de Constitucionalidad. Guatemala.

[34] TORRES, Marisol Peña. *Las audiencias públicas en los procedimientos de inconstitucionalidad de la ley: la experiencia del Tribunal Constitucional de Chile.* Disponível em: <http://www.venice.coe.int/WCCJ/Rio/Papers/CHI_Penna%20Torres_ESP.pdf>. Acesso em: 10 jan. 2011. Artigo submetido a II Conferencia Mundial de Justiça Constitucional.

[35] "Artículo 37. El Tribunal podrá decretar las medidas que estime del caso tendientes a la más adecuada sustanciación y resolución del asunto de que conozca. Podrá requerir, asimismo, de cualquier poder, órgano público o autoridad, organización y movimiento o partido político, según corresponda, los antecedentes que estime convenientes y éstos estarán obligados a proporcionárselos oportunamente."

possam ter interesse na resolução da questão seja pelo viés jurídico, seja técnico. Essa é a posição doutrinária assumida mesmo antes das reformas da Lei Orgânica de 2009 e 2010 e, desde então, o Tribunal Constitucional chileno realiza audiências públicas abertas a órgãos e pessoas que não são legitimados para propor a inconstitucionalidade.

Nesse cenário mundial que revela a escassez de exemplos da utilização de audiências públicas no Direito comparado, é possível perceber certa resistência quanto a adoção desses mecanismos na Justiça Constitucional, o Brasil – por muito pouco – não seguiu essa mesma linha. Embora o vanguardismo atribuído às Leis n. 9.868/99 e n. 9.882/99, pelas quais a audiência pública foi introduzida na cúpula do Judiciário brasileiro é possível deduzir que essa implantação encontrou certa resistência de cunho prático, pois, em que pese essa inovação legislativa ter ocorrido em 1999, apenas em 20 de abril de 2007 o Supremo Tribunal Federal realizou sua primeira audiência pública.

Durante esse longo intervalo entre a previsão legal e a realização da audiência pública, o Supremo julgou[36] 702.468 processos. Desde a primeira audiência pública até o final de 2011 [época de coleta dos dados dessa pesquisa], o Supremo julgou 606.061processos e realizou no total apenas cinco audiências públicas, cuja média se aproxima da proporção de uma audiência pública a cada cento e vinte e um mil processos.

Movimentação STF	2006	2007	2008	2009	2010	2011
Proc. autuados	127.535	119.324	100.781	84.369	71.670	59.581
Proc. distribuídos	116.216	112.938	66.873	42.729	41.014	35.476
Julgamentos	110.284	159.522	130.747	121.316	103.869	90.607
Acórdãos publicados	11.421	22.257	19.377	17.704	10.814	13.080

---

[36] Dados e tabelas a disposição no *site* oficial do STF, pela seção "Movimento Processual". Disponível em: <http://www.stf.jus.br/portal/cms/verTexto.asp?servico=estatistica&pagin a=movimentoProcessual>. Acesso em: 11 mar. 2011.

Movimentação STF	2000	2001	2002	2003	2004	2005
Proc. protocolizados	105.307	110.771	160.453	87.186	83.667	95.212
Proc. distribuídos	90.839	89.574	87.313	109.965	69.171	79.577
Julgamentos	86.138	109.692	83.097	107.867	101.690	103.700
Acórdãos publicados	10.770	11.407	11.685	10.840	10.674	14.173

Além do número estrondoso de processos vale lembrar que o STF, desde a criação das repercussões gerais, julgou 510 temas dos quais reconheceu a repercussão em 367 deles,[37] além disso diversos casos ecoaram no seio da sociedade civil, como o caso da reserva indígena *Raposa Serra do Sol*, o da constitucionalidade da Lei Complementar n. 135/2010 (o caso da ficha limpa) a extradição de Cesare Battisti, a representação com pedido de intervenção federal em Brasília, dentre tantos outros. O movimento processual não é tudo, ainda vale lembrar seus reflexos tais como sua produção sumular, já contamos com a edição de 31 súmulas vinculantes e no período após a previsão da audiência pública no STF pelas Leis n. 9.868 e n. 9.882, de 1999, foram criadas também 114 súmulas de jurisprudência dominante.[38]

Esse movimento extraordinário do Supremo Tribunal Federal na última década foi acompanhado de perto por grande parte da sociedade civil, não somente por força dos temas polêmicos, mas também por decisão daquela Corte de adotar ferramentas de aproximação, como a TV Justiça criada em 2002 por transmissão paga e em 2007 por transmissão aberta, a Rádio Justiça criada em 2004, o *site* oficial com linguagem acessível, a criação de um canal oficial em *site* de vídeos em outubro de 2009 e a adesão a um famoso *microblog* em dezembro de 2009.

---

[37] Disponível em: <http://www.stf.jus.br/portal/jurisprudenciaRepercussao/pesquisarProcesso.asp>. Acesso em: 20 dez. 2011.

[38] Dados a disposição no *site* oficial do STF, pela seção "Jurisprudência". Disponível em: http://www.stf.jus.br/portal/cms/verTexto.asp?servico=jurisprudenciaSumula. Acesso em: 20 dez. 2011.

CAPÍTULO 2

REGIME JURÍDICO DA
AUDIÊNCIA PÚBLICA NO STF

2.1 Conceito de audiência pública e sua construção pelo STF

Inicia-se esta segunda parte pela difícil tarefa de encontrar um conceito para as audiências públicas, tomamos preliminarmente a lição de José de Albuquerque Rocha[39] sobre o conceito do próprio conceito, conforme trecho a seguir:

> O conceito serve de instrumento para o conhecimento da realidade. Portanto, o conceito não é idêntico à realidade, nem nos dá um conhecimento direto e imediato dela. Como resultado de uma criação mental, sequer existe na realidade concreta da vida, logo, não pode ser idêntico a ela. E não nos dá um conhecimento direto e imediato da realidade justamente porque é um instrumento para conhecê-la. (...)
>
> O processo mental de que resulta o conceito é denominado de abstração generalizadora, que consiste em reduzir a multiplicidade da experiência mediante a seleção de suas qualidades comuns.

Na busca desse conceito, por seu viés utilitário e extraído da experiência das audiências públicas no STF, passamos a analisar o regramento incidente sobre esse instituto realizando sua conjugação

---

[39] ROCHA, José de Albuquerque. *Estudos sobre o Poder Judiciário*. São Paulo: Malheiros, 1995. p. 16-17.

com a análise empírica dos cinco exemplares no âmbito do Supremo Tribunal Federal, identificando seus pontos comuns e desprezando suas peculiaridades, assim construímos o seguinte conceito.

Audiência pública no âmbito do Supremo Tribunal Federal é o instrumento pelo qual essa Corte ouve o público especializado ou dotado de experiência na matéria para esclarecer questões ou circunstâncias de fato, com repercussão geral ou de interesse público relevante, com a finalidade de esclarecer os Ministros sobre a matéria ou circunstâncias de fato, além de criar oportunidade para se debater simultaneamente as teses opostas e com fundamentos variados, ampliando e fomentando o debate dentro e fora da Corte, ampliando a transparência e a publicidade das atividades do Supremo Tribunal Federal e trazendo maior pluralidade ao processo constitucional, além de aproximar a sociedade da Corte e, ainda, possibilitar a aferição de efeitos do julgado, realizando um prognóstico do comportamento social diante da decisão a ser tomada.

2.2 Regramento: aplicação e evolução

A *Lei n. 9.868 de 10 de novembro de 1999* foi a primeira a prever a adoção das audiências públicas na Justiça Constitucional brasileira, ela se refere ao processo e julgamento da ação direta de inconstitucionalidade por ação, tendo sofrido alterações pela Lei n. 12.063 de 27 de outubro de 2009 a qual lhe acrescentou o Capítulo II-A estabelecendo a disciplina processual da ação direta de inconstitucionalidade por omissão. Já em sua redação originária no artigo 9º, §1º e no artigo 20, ela criou a hipótese de audiência pública no Supremo Tribunal Federal.

Na primeira possibilidade da adoção de audiência pública no Supremo Tribunal Federal, pode-se observar que o dispositivo em comento especificou – o que pode ser chamado, face seu pioneirismo nacional, de – a primeira finalidade da audiência pública, qual seja, a busca do esclarecimento de matéria ou circunstância de fato ou de notória insuficiência das informações existentes nos autos.

Por essa primeira óptica, a audiência pública encontra expressamente sua finalidade, ou seja, cabe a ela a produção de substrato fático essencial ao desenrolar das ações diretas de inconstitucionalidade por ação e as ações declaratórias de constitucionalidade. Frise-se que, naquele momento, isto é, na época da edição da Lei n. 9.868/99, a ação direta de inconstitucionalidade por omissão não estava regulada, sendo inserida apenas em 27 de outubro de 2009.

Essa aparição ainda tímida da audiência pública embora tenha buscado sua regulação no Supremo Tribunal Federal, já trouxe as hipóteses de cabimento e, por consequência, a identificação de sua finalidade, a via de manifestação e perfil dos legitimados.

O artigo 9, §1º,[40] da Lei n. 9.868/99 que trata do tema pode ser dividido em duas grandes partes que são: a) hipóteses de cabimento que possibilita a adoção dos mecanismos de informações no Supremo Tribunal Federal; e b) mecanismos de informações e suas especificidades.

São três hipóteses de cabimento que possibilita adoção dos mecanismos de informações pelo Supremo Tribunal Federal, nos termos deste parágrafo: a1) necessidade de esclarecimento de matéria; a2) necessidade de esclarecimento de circunstância de fato; e a3) insuficiência de informações existente nos autos.

a1) Necessidade de esclarecimento de matéria

Essa primeira hipótese tem seu núcleo na natureza da matéria e sua complexidade. Para incorrer nessa hipótese a matéria deve ser demasiadamente complexa tomando por referente as atividades principais da Corte, isto é, a matéria deve ser complexa para a Corte. Pela pluralidade de matérias que encontram o direito constitucional e pela incumbência precípua de guarda da Constituição pelo Supremo Tribunal, essa hipótese é de fato muito frequente na Corte.

a2) Necessidade de esclarecimento de circunstância de fato

Essa segunda hipótese encontra seu núcleo nas circunstâncias de fato da questão levada ao Supremo Tribunal Federal, isto é, para os casos em que os fatos sejam necessários, mas ainda estejam nebulosos, pode o Supremo lançar mão dos mecanismos de informações para trazer luz a esses fatos.

Embora muito semelhante à hipótese anterior, sendo frequentemente interpretado como aparente sinônimo, essa hipótese guarda uma sensível diferença com a exposta anteriormente. Na primeira

---

[40] "Art. 9º Vencidos os prazos do artigo anterior, o relator lançará o relatório, com cópia a todos os Ministros, e pedirá dia para julgamento.

§1º Em caso de necessidade de esclarecimento de matéria ou circunstância de fato ou de notória insuficiência das informações existentes nos autos, poderá o relator requisitar informações adicionais, designar perito ou comissão de peritos para que emita parecer sobre a questão, ou *fixar data para, em audiência pública, ouvir depoimentos de pessoas com experiência e autoridade na matéria.*

§2º O relator poderá, ainda, solicitar informações aos Tribunais Superiores, aos Tribunais federais e aos Tribunais estaduais acerca da aplicação da norma impugnada no âmbito de sua jurisdição.

§3º As informações, perícias e audiências a que se referem os parágrafos anteriores serão realizadas no prazo de trinta dias, contado da solicitação do relator." (grifos nossos)

hipótese, o núcleo da dúvida é a matéria, já aqui são os fatos. Aqui a matéria não precisa ser complexa, alheia aos conhecimentos do Supremo Tribunal Federal, o que se exige é a dúvida perante as circunstâncias de fato, o ocorrido. Assim a diferença pode ser vista sob o prisma da abstratividade e concretude: na primeira hipótese a concentração dos esclarecimentos reside na matéria, o que seria a ciência ou a técnica, não exigindo qualquer fato; já na segunda, o oposto, pois o esclarecimento deve se concentrar nas circunstâncias de fato, ou seja, exige a produção de um fato.

a3) Insuficiência de informações existente nos autos

Nesta última hipótese elencada no artigo 9º, §1º, da Lei n. 9.868/99, o cerne da problemática encontra-se nos próprios autos. Portanto, essa hipótese não se refere à complexidade da matéria, nem a nebulosidade das circunstâncias de fato, seu alvo recai justamente no processo, os autos. Aqui se exige que os autos contenham menos informações do que se considera necessário, portanto, aqui a concentração dessa hipótese reside na ausência da informação necessária e não na sua completude ou esclarecimento como é o caso da hipótese anterior.

b) Mecanismos de informações e suas especificidades

Esse segundo desdobramento do artigo 9º, §1º, da Lei n. 9.868/99 dispõe que a autoridade competente para convocar ou requisitar os mecanismos de informações nas ações direta de inconstitucionalidade e nas ações declaratórias de constitucionalidade é o relator e passa a identificar os mecanismos de informações e suas especificidades, tais como o perfil dos legitimados à manifestação e procedimento de cada manifestação.

Os mecanismos previstos no artigo 9º, §1º, da Lei n. 9.868/99 são: b1) requisição de informações adicionais; b2) designação de perito ou comissão de peritos; e b3) audiência pública (nos termos exclusivos da Lei n. 9.868/99).

b1) Requisição de informações adicionais

É mecanismo que permite sua utilização diante de qualquer das três hipóteses de cabimento mencionadas acima, isto é, a requisição de informações é cabível tanto diante da necessidade de esclarecimento da matéria, bem como da necessidade de esclarecimento de circunstância de fato, ou da insuficiência de informações existentes nos autos.

Consiste na faculdade do relator, no âmbito do Supremo Tribunal Federal, em requisitar informações àqueles que presume detê-las, ou seja, cabe ao relator identificar a hipótese de cabimento e notando a necessidade de esclarecimento da matéria ou de circunstâncias de fato, ou ainda, a insuficiência de informações nos autos, fazendo um exercício de lógica e iniciar sua busca pelas informações que julgou necessária.

Assim é possível identificar três elementos: as duas partes e o objeto do processo de requisição de informações. A primeira parte, isto é, o requisitante que neste caso é o relator; na segunda, o objeto que são as informações que julgou necessária e na terceira, o detentor da informação, ou seja, aquele que responderá o requisitado (as informações). Este último poderá ser identificado somente diante do caso posto, pois deverá ser aquele que se presume deter a informação necessária ou aquele que pode informar quem a detém.

Esse mecanismo foi utilizado, por exemplo, na ADIn 3.614-PR, Relator Ministro Gilmar Mendes, *DJ*, 26 abr. 2006; ADIn 3.236-DF, Relatora Ministra Ellen Gracie, *DJ*, 24 ago. 2005.

b2) Designação de perito ou comissão de perito.

É mecanismo que permite sua utilização diante de qualquer das três hipóteses de cabimento mencionadas, isto é, a designação de perito ou comissão de peritos é cabível tanto diante da necessidade de esclarecimento da matéria quanto da necessidade de esclarecimento de circunstância de fato ou da insuficiência de informações existentes nos autos.

Poderá o relator designar perito ou comissão de peritos para que emita parecer sobre a questão. São legitimados a se manifestar perito ou comissão de peritos que podem ser definidos como os experimentados na área na qual se pretende elucidar, seu objeto é a perícia materializada pelo parecer técnico. O dispositivo legal analisado não exige que esse parecer seja verbal ou escrito, mas na interpretação do parágrafo citado, em comparação ao disposto para audiência pública, fica evidente que o parecer é o escrito, já que ao se referir a audiência pública, o legislador utilizou-se da distinção, adotando o verbo "ouvir".

b3) Audiência pública (nos termos exclusivos da Lei n. 9.868/99)

É mecanismo que permite sua utilização diante de apenas duas das três hipóteses de cabimento supracitadas, quais sejam: a necessidade de esclarecimento da matéria e circunstâncias de fato. Explica-se: a outra hipótese de cabimento tem seu núcleo na insuficiência de informações nos autos, essa hipótese clama pelos mecanismos de requisição de informações ou parecer técnico já que se relaciona aos fatos do processo.

Não se busca a elucidação da complexidade da matéria, mas, sim, o esclarecimento das circunstâncias ou a complementação de informações nos autos.

Nessa primeira regulação da audiência pública no Supremo Tribunal Federal é possível identificar a autoridade competente para convocar a audiência pública, o modo de manifestação e os legitimados para depor.

Esse dispositivo legal faculta apenas ao relator do processo a convocação ou a requisição dos mecanismos de informações do Supremo Tribunal Federal, o que veremos adiante, especificamente no estudo da emenda ao Regimento Interno do Supremo Tribunal Federal n. 29 de 18 de fevereiro de 2009 que tratou das audiências públicas, a qual dentre as mudanças que trouxe a esse mecanismo, facultou a convocação também ao presidente do Supremo, mas aqui, na Lei n. 9.868/99 e, como se verá, na Lei n. 9.882/99, o único legitimado a convocar esse mecanismo é o relator do processo.

Quanto ao seu modo de manifestação o artigo 9º, §1º, da Lei n. 9.868/99 estipula, taxativamente, que seu exercício seja por viva voz, pois dispõe que o Relator poderá fixar datas para ouvir depoimentos. Aqui, a oralidade é requisito de sua existência, uma vez que não há outra possibilidade legal de se realizar a audiência pública.

Os legitimados para depor são as pessoas com experiência e autoridade na matéria. Daqui se reforça que a audiência pública deva ser aplicada como mecanismo apenas diante da primeira hipótese de cabimento, isto é, quando ocorrer a necessidade de esclarecimentos sobre a matéria. Seus legitimados variarão de acordo com a matéria, podendo ser aferido somente diante do caso, mas, de maneira geral, são legitimados os detentores de experiência ou autoridade naquela matéria que deverá ser esclarecida. Assim percebe-se que a Lei n. 9.868/99 adota como finalidade da audiência pública a revelação instrutória, ou seja, cabe à audiência pública trazer substrato acerca da matéria abordada, servindo como veículo para a audição daqueles que conhecem a fundo a matéria a fim de esclarecê-la aos ministros do Supremo Tribunal Federal para a posterior decisão.

Ainda analisando o artigo 9º, §1º, da Lei n. 9.868/99 vale realçar que, embora o Supremo Tribunal Federal se depare diuturnamente com matérias de alta complexidade, inclusive, complexidade alheia a sua órbita de conhecimento, pode-se ter a impressão de que a audiência pública deveria ser muito mais frequente do que é, transformando-se em mecanismo corriqueiro na Corte. Ocorre que o próprio dispositivo legal analisado cria uma ordem preferencial de mecanismos, já que sua redação elenca os mecanismos seguindo uma ordem lógica diante da facilidade de utilização, iniciando-se pela requisição de informações, depois pelo parecer técnico e, por último, a audiência pública. O que se explica dessa forma: para resolver qualquer uma das três hipóteses de cabimento, o Supremo deve preferir o mecanismo mais adequado, prezando pela eficiência e satisfação de seu objetivo, assim não seria eficiente se, diante de uma hipótese de cabimento que pudesse ser satisfeita com uma simples requisição de informações o Supremo Tribunal Federal adotasse a audiência pública.

O artigo 9º, §3º, da Lei n. 9.868/99 traz a previsão do prazo de trinta dias para a realização dos mecanismos de informações a partir da convocação. É importante comentar que esse prazo se dirige ao perito ou à comissão de peritos e àqueles que detêm as informações requisitadas pelo relator; já quanto à audiência pública, esse dispositivo legal, até o momento, não foi respeitado, visto que dentre as cinco audiências públicas realizadas apenas uma foi realizada quinze dias depois de sua convocação, mas essa audiência, que foi a de n. 2, tratou da importação de pneus e foi realizada nos autos de uma arguição de descumprimento de preceito fundamental, regida pela Lei n. 9.882/99, com fundamento em seu artigo 6º que não prevê o prazo de trinta dias.

As demais audiências tiveram intervalos mais longos do que essa, no estudo de casos será detalhada essa situação, mas por ora vale mencionar que das cinco audiências realizadas apenas uma estava sob a égide exclusiva da Lei n. 9.868/99, portanto, sob a disposição acerca do prazo de trinta dias, a primeira audiência pública realizada na história do Supremo Tribunal Federal que se desenvolveu nos autos da Ação Direta de Inconstitucionalidade n. 3510 que tratou da constitucionalidade do artigo 5º da Lei de Biossegurança, mas essa audiência foi convocada em 19 de dezembro de 2006 e realizada em 20 de abril de 2007, as demais, embora não realizadas sob a égide desta Lei também tiveram intervalos bem longos, a terceira audiência pública que se desenvolveu nos autos da arguição de descumprimento de preceito fundamental n. 54 e tratou da interrupção da gravidez de fetos anencefálicos foi convocada em 28 de setembro de 2004 e realizada apenas em 26 e 28 de agosto e 4 e 16 de setembro de 2008, já a quarta audiência pública, conhecida como audiência pública da saúde, foi convocada em 5 de março de 2009 e realizada em 27, 28 e 29 de abril e 4, 6 e 7 de maio de 2009, e, por derradeiro, a quinta audiência pública que tratou da adoção de critérios raciais para a reserva de vagas no ensino superior foi convocada em 15 de setembro de 2009 e realizada 3, 4 e 5 de março de 2010.

O artigo 20, §1º,[41] da Lei n. 9.868/99 inserido no Capítulo III (ação declaratória de constitucionalidade), Seção I (da admissibilidade e do procedimento da ação declaratória de constitucionalidade), é dispositivo legal que foi redigido à mesma maneira do artigo 9º, §1º, acima analisado, sendo adotada aqui as considerações lá formuladas.

O artigo 20, §3º, dispõe de forma idêntica ao, já comentado, artigo 9, §3º, (ambos da Lei n. 9.868/99), valendo remissão aos comentários lá traçados.

A Lei n. 12.063 de 27 de outubro de 2009 que acrescentou o Capítulo II-A, estabelecendo a disciplina processual da ação direta de inconstitucionalidade por omissão dedicou ao artigo 12-E[42] que inseriu na Lei n. 9.868/99 a extensão do procedimento da ação direta de inconstitucionalidade por omissão às disposições constantes da Seção I do Capítulo II da Lei n. 9.868/99 onde se encontra o artigo 9º, §1º. Portanto, às ações diretas de inconstitucionalidade por omissão, cabem todos os mecanismos de informações mediante a ocorrência de quaisquer hipóteses mencionadas no artigo 9º, §1º, cabendo aqui todos seus comentários acima.

A Lei n. 9.882/99 que trata da arguição de descumprimento de preceito fundamental trouxe também hipóteses de cabimento e mecanismos de informações do Supremo Tribunal Federal em seu artigo 6º[43] com redação semelhante à exposta na Lei n. 9.868/99 aos artigos

---

[41] "Art. 20. Vencido o prazo do artigo anterior, o relator lançará o relatório, com cópia a todos os Ministros, e pedirá dia para julgamento.

§1º *Em caso de necessidade de esclarecimento de matéria ou circunstância de fato ou de notória insuficiência das informações existentes nos autos, poderá o relator* requisitar informações adicionais, designar perito ou comissão de peritos para que emita parecer sobre a questão ou *fixar data para, em audiência pública, ouvir depoimentos de pessoas com experiência e autoridade na matéria.*

§2º O relator poderá solicitar, ainda, informações aos Tribunais Superiores, aos Tribunais federais e aos Tribunais estaduais acerca da aplicação da norma questionada no âmbito de sua jurisdição.

§3º *As informações, perícias e audiências a que se referem os parágrafos anteriores serão realizadas no prazo de trinta dias, contado da solicitação do relator"* (grifos nossos).

[42] *"Art. 12-E. Aplicam-se ao procedimento da ação direta de inconstitucionalidade por omissão, no que couber, as disposições constantes da Seção I do Capítulo II desta Lei.* (Incluído pela Lei n. 12.063, de 2009)" (grifos nossos).

[43] "Art. 6º Apreciado o pedido de liminar, o relator solicitará as informações às autoridades responsáveis pela prática do ato questionado, no prazo de dez dias.

§1º *Se entender necessário, poderá o relator* ouvir as partes nos processos que enseajaram a arguição, requisitar informações adicionais, designar perito ou comissão de peritos para que emita parecer sobre a questão, ou ainda, *fixar data para declarações, em audiência pública, de pessoas com experiência e autoridade na matéria.*

§2º *Poderão ser autorizadas, a critério do relator, sustentação oral e juntada de memoriais, por requerimento dos interessados no processo"* (grifos nossos).

9º, §1º, e 20, §1º, da Lei n. 9.868/99. As semelhanças residem no fato de que aqui a autoridade competente para convocar ou requisitar qualquer mecanismo de informações também é o relator do processo. Mas as diferenças residem nas hipóteses de cabimento que, ao invés de elencar as três hipóteses (necessidade de esclarecimento da matéria, circunstâncias de fato ou insuficiência de informações nos autos), preferiu conceder ampla discricionariedade ao relator, adotando uma única hipótese de cabimento, qual seja: "se [o relator] entender necessário".

Outra diferença entre os dispositivos em comparação reside em um mecanismo que não estava previsto na Lei anterior, isto é, o mecanismo que faculta ao relator a possibilidade de ouvir as partes nos processos que ensejaram a arguição. Note que, por esse mecanismo, o relator pode ouvir as partes nos processos de origem, ou seja, a arguição de descumprimento de preceito fundamental pode surgir como um incidente, o que é denominado de ADPF por derivação ou incidental. Essa ADPF surge por uma controvérsia com relevante fundamento sobre aplicação de preceito fundamental em um processo, nas palavras de André Ramos Tavares:[44]

> Em primeiro lugar, há uma arguição incidental, ao lado daquela exercida por ação, porque a controvérsia com "relevante fundamento" à qual faz menção o inciso I do parágrafo único do artigo 1º só pode ser aquela que se apresenta em juízo, e não qualquer controvérsia que se instale entre particulares, não levada necessariamente ao conhecimento da Justiça, ou ainda uma controvérsia doutrinária. Confirma esse entendimento o disposto no artigo 3º, quando exige que a petição inicial contenha, "V – se for o caso, a comprovação da existência de controvérsia judicial relevante sobre a aplicação do preceito fundamental que se considera violado". Ora, será o caso de exigir mencionada comprovação se se tratar da arguição incidental. Este é o alcance exato do dispositivo.

Assim como visto acima, em ambas as Leis, ao tratar da audiência pública, foi facultado ao Relator do processo a possibilidade de requisitar tal audiência nos autos da ação direta de inconstitucionalidade, tanto por ação quanto por omissão, na ação declaratória de constitucionalidade e na arguição de descumprimento de preceito fundamental. Como lembrado por Gilmar Ferreira Mendes e Ives Gandra da Silva Martins:[45]

---

44 TAVARES, André Ramos. *Curso de direito constitucional*. 8. ed. São Paulo: Saraiva, 2010. p. 311.

45 MARTINS, Ives Gandra da Silva; MENDES, Gilmar Ferreira. *Controle concentrado de constitucionalidade*. 3. ed. São Paulo: Saraiva, 2009. p. 288.

"cuida-se, portanto, de disposição que enseja um mínimo de instrução probatória no contexto procedimental da ação direta." Outro ponto que merece menção é o fato própria Lei já limitar os participantes dessa audiência às pessoas com experiência e autoridade na matéria, aqui a legislação descarta a manifestação de meros interessados, como se constata na rotina dos outros diplomas legais que tratam da audiência pública, dessa forma é possível concluir que nas Leis n. 9.868/99 e n. 9.882/99 os mecanismos de informações do Supremo Tribunal Federal possuem a finalidade de instruir os julgadores e, ao menos nessa previsão, não é possível constatar a participação da sociedade no exercício da democracia, mas, sim, no exercício de auxiliares da Corte.

Portanto, *considerando exclusivamente esses diplomas legais*, o tratamento jurídico da audiência pública conferido por essas duas normas, *poderia ser resumido da seguinte maneira*:

1. *Ações passíveis de realização de audiência pública*: ação direta de inconstitucionalidade, tanto por ação quanto por omissão; ação declaratória de constitucionalidade e arguição de descumprimento de preceito fundamental.
2. Autoridade que convoca essas audiências: o relator do processo.
3. *Hipóteses de cabimento*: necessidade de esclarecimento da matéria e necessidade de esclarecimento de circunstância de fato; no caso da arguição de descumprimento de preceito fundamental quando o relator entender necessário.
4. *Participantes*: pessoas com experiência e autoridade na matéria.
5. *Prazo para realização*: existe previsão de prazo na ação direta de inconstitucionalidade, tanto por ação quanto por omissão, e para ação declaratória de constitucionalidade, esse prazo é de trinta dias a contar da solicitação da audiência. Não havendo prazo determinado para a realização da audiência pública na arguição de descumprimento de preceito fundamental.

Emenda Regimental n. 29

Embora as Leis n. 9.868/99 e n. 9.882/99 inovaram o ordenamento jurídico brasileiro especificamente pela previsão desses mecanismos de informações que auxiliam os Ministros do Supremo Tribunal Federal na formação de suas convicções, o tempo e as transformações do direito fizeram que a audiência pública conquistasse nova dimensão, passando de mero mecanismo de informação para um potente mecanismo de aproximação entre a sociedade e o Supremo Tribunal Federal, transformando-se em uma ferramenta que reafirma o Estado

Democrático de Direito, permitindo – ao menos em primeira vista – o exercício democrático.

A inovação do perfil da audiência pública não surgiu por determinação legal, mas sim pelo alcance que essas audiências tiveram. De certa maneira a sociedade civil entrou na Justiça Constitucional brasileira e a audiência pública é seu canal de maior expressão.

Como mencionado alhures, o movimento extraordinário do Supremo Tribunal Federal na última década foi acompanhado de perto por grande parte da sociedade civil, não somente por força dos temas polêmicos, mas também por força das ferramentas de aproximação adotadas pela Corte, como a TV e a Rádio Justiça, um canal oficial em site de vídeos e a adesão a um famoso microblog. Tudo isso somando força atrativa das audiências públicas que são alvos da mídia oficial e comum, suas sessões eram acompanhadas por toda a sociedade, fazendo com que seus debates transcendessem as barras do Tribunal e ocupassem lugares de destaque no cotidiano daqueles, que há pouco tempo, nem sabiam ao certo qual é a principal função do Supremo Tribunal Federal.

Toda essa popularização exigiu que a Corte fosse além da tímida previsão constante nas Leis n. 9.868/99 e n. 9.882/99 dando suporte a ampliação da audiência pública, isto é, seria necessário redimensionar o tratamento jurídico da audiência pública para a adequação ao seu tratamento fático, já que a audiência pública ingressou no ordenamento por uma minúscula fissura e ao ser adotada expandiu-se alcançando dimensão muito maior do que a prevista inicialmente. Diante dessa situação o STF utilizou-se de seu poder normativo para elaborar a Emenda Regimental n. 29, aprovada em 11 de fevereiro de 2009, editada dia 18 e publicada no dia 20 do mesmo mês e ano no Diário de Justiça Eletrônico. Essa Emenda Regimental provocou alterações nos artigos 13, 21, 154 e 363, vejamos cada uma delas:

Alteração nos artigos 13 e 21 do Regimento Interno do Supremo Tribunal Federal
O artigo 13 do Regimento relaciona as obrigações do Presidente da Corte, a alteração recaiu sobre a renumeração de seu último inciso que passou do XVII para o XIX, mas manteve a mesma redação:[46] "praticar os demais atos previstos na Lei e no Regimento". E inseriu os incisos XVII e XVIII.

---

[46] BRASIL. Supremo Tribunal Federal (STF). *Regimento Interno*: atualizado até novembro de 2010: consolidado e atualizado até maio de 2002. Por Eugênia Vitória Ribas. Brasília: STF, 2010.

O inciso XVII[47] tem a seguinte redação: "convocar audiência pública para ouvir o depoimento de pessoas com experiência e autoridade em determinada matéria, sempre que entender necessário o esclarecimento de questões ou circunstâncias de fato, com repercussão geral e de interesse público relevante, debatidas no âmbito do Tribunal."

A inserção desse inciso passou a facultar ao presidente do Supremo Tribunal Federal a convocação de audiência pública, faculdade – até então – exclusiva do relator.

A primeira grande diferença já foi mencionada: a inclusão do presidente do STF no rol de legitimados para convocar a audiência pública, ao lado relator do processo, facultando a ambos a convocação de audiência pública. Além disso, a inserção da audiência pública no RISTF permite sua adoção para qualquer espécie de ação ou recurso que tramite no Supremo, assim as audiências públicas não ficam mais adstritas apenas às ações diretas de inconstitucionalidade por ação ou omissão, ação declaratória de constitucionalidade e arguição de descumprimento de preceito fundamental, podendo ser realizadas diante de qualquer espécie de ação ou recurso no âmbito do Supremo Tribunal Federal.

Em suma: antes da Emenda Regimental n. 29/2009 havia apenas um legitimado para convocar a audiência pública, mas essa inovação regimental trouxe a possibilidade de dois convocarem, o que pode provocar a seguinte indagação: caso o presidente do Supremo Tribunal Federal entenda que o caso comporta a convocação de audiência pública e o relator discorde, qual a solução a ser aplicada?

Para a solução dessa indagação vale comparar os artigos que atribuem a faculdade de convocação da audiência pública ao presidente e ao relator, os quais são, respectivamente: os artigos 13, XVII, e 21, XVII, ambos introduzidos pela Emenda Regimental n. 29 no RISTF.

(continua)

Quadro Comparativo	
Art. 13, XVII	Convocar audiência pública para ouvir o depoimento de pessoas com experiência e autoridade em determinada matéria, sempre que entender necessário o esclarecimento de questões ou circunstâncias de fato, com repercussão geral e de interesse público relevante, debatidas no âmbito do Tribunal.

---

[47] BRASIL. Supremo Tribunal Federal (STF). *Regimento Interno*: atualizado até novembro de 2010: consolidado e atualizado até maio de 2002. Por Eugênia Vitória Ribas. Brasília: STF, 2010.

(conclusão)

Quadro Comparativo	
Art. 21, XVII	Convocar audiência pública para ouvir o depoimento de pessoas com experiência e autoridade em determinada matéria, sempre que entender necessário o esclarecimento de questões ou circunstâncias de fato, com repercussão geral ou de interesse público relevante.

Da comparação no quadro acima, constata-se que a única diferença textual entre as duas previsões de convocação de audiência pública, reside no acréscimo da expressão "debatidas no âmbito do Tribunal", no dispositivo correspondente à atribuição da presidência. Assim é possível concluir que a faculdade atribuída ao presidente do Supremo Tribunal Federal orbita os interesses do próprio Tribunal, ao passo que a atribuição do relator se refere exclusivamente ao processo, pois é apenas nesta órbita que ele é o relator, em outras palavras, esse dispositivo é endereçado exclusivamente ao relator que é aquele que organiza e ordena o processo.

Assim constata-se que, como está previsto o RISTF, não será possível o embate entre convocações provenientes do presidente e do relator, pois, embora os dois sejam legitimados, cada um possui a faculdade de convocação diante de sua órbita de competência.

Mas ainda, por derradeiro, cabe a identificação da órbita de atuação do presidente do Supremo Tribunal Federal à luz da faculdade que o artigo 13, XVII, lhe outorga para convocar audiências públicas. Existem diversos processos que, ao menos temporariamente, ficam sob a custódia e ordem do presidente do Supremo, seja por força do recesso do Tribunal, seja ou pela urgência da medida. Mas a dúvida paira sobre a possibilidade de realização da audiência pública independente da existência de processo. Teria o artigo 13, XVII, do Regimento Interno do Supremo Tribunal Federal desvinculado a audiência pública de qualquer processo? Da análise do artigo 13, XVII, em conjunto ao artigo 154, VI,[48] fica clara a possibilidade de audiência pública no âmbito da presidência sem a necessidade de se vincular a determinado processo, desde que a questão atenda os requisitos, como a repercussão geral e o relevante interesse público.

---

[48] VI – os trabalhos da audiência pública serão registrados e juntados aos autos do processo, quando for o caso, ou arquivados no âmbito da Presidência;

Feitas as ressalvas sobre as semelhanças e as diferenças entre a previsão regimental de convocação de audiência pública pelo presidente do Tribunal e pelo relator do processo, será necessário apontar o teor dessas previsões e buscar suas implicações. A redação do inciso ilustra muito bem a mudança que a audiência pública, no Supremo Tribunal Federal, sofreu desde a edição das Leis n. 9.868/99 e n. 9.882/99. Na análise do quadro comparativo abaixo será possível aferir essa diferença.

Quadro Comparativo	
Lei n. 9.868/99	Art. 9º, §1º Em caso de necessidade de esclarecimento de matéria ou circunstância de fato ou de notória insuficiência das informações existentes nos autos, poderá o relator requisitar informações adicionais, designar perito ou comissão de peritos para que emita parecer sobre a questão, ou fixar data para, em audiência pública, ouvir depoimentos de pessoas com experiência e autoridade na matéria.
Lei n. 9.882/99	Art. 6º, §1º Se entender necessário, poderá o relator ouvir as partes nos processos que ensejaram a arguição, requisitar informações adicionais, designar perito ou comissão de peritos para que emita parecer sobre a questão, ou ainda, fixar data para declarações, em audiência pública, de pessoas com experiência e autoridade na matéria.
Regimento Interno do Supremo Tribunal Federal, com a Emenda Regimental n. 29/2009	Art. 21, XVII Convocar audiência pública para ouvir o depoimento de pessoas com experiência e autoridade em determinada matéria, sempre que entender necessário o esclarecimento de questões ou circunstâncias de fato, com repercussão geral e de interesse público relevante.

Na Lei n. 9.868/99, constatamos a existência de duas hipóteses de cabimento da audiência pública, quais sejam: necessário esclarecimento sobre a matéria e sobre as circunstâncias de fato. Aqui, nessa previsão regimental, as hipóteses foram mantidas, mas a elas foram incluídos dois importantes requisitos: existência de repercussão geral e interesse público relevante.

Quanto ao seu modo de manifestação manteve-se a oralidade, assim como o fez os artigos 9º, §1º, 20, §1º, da Lei n. 9.868/99, e 6º da Lei n. 9.868/99. Da mesma forma como nos diplomas legais citados, a emenda regimental preferiu estipular, taxativamente, que o exercício de manifestação seja por viva voz, já que dispõe: "convocar audiências públicas para ouvir depoimentos."

Repercussão geral

A repercussão geral passou a integrar o rol de requisitos da audiência pública com a edição da Emenda Regimental n. 29, seu conceito pode ser extraído do próprio Regimento do Supremo Tribunal Federal que em sua primeira parte, Capítulo V do Título XI, trata do recurso extraordinário, mas que, no parágrafo único do artigo 322, se refere de maneira genérica à repercussão geral, traçando seu conceito para aquela Corte: "Para efeito da repercussão geral, será considerada a existência, ou não, de questões que, relevantes do ponto de vista econômico, político, social ou jurídico, ultrapassem os interesses subjetivos das partes". O artigo 543-A, §1º, do Código de Processo Civil, cuja redação foi dada pela Lei n. 11.418 de 19 de dezembro de 2006, dispõe da mesma forma.

Portanto, é possível concluir que a repercussão geral é uma das questões relevantes que ultrapassa os interesses subjetivos das partes e se refere a qualquer temática dentre as áreas da economia, política, social ou jurídica.

É necessário verificar se a repercussão geral mencionada deve obedecer ao mesmo procedimento para aferir a existência de repercussão geral nos recursos extraordinários. O procedimento é regulado também pelo regimento interno do Supremo Tribunal Federal, pelos artigos 323 a 329, mas diferente do conceito de aplicação genérica apresentado no artigo 322, as disposições referentes ao procedimento se destinam exclusivamente ao recurso extraordinário, não prestando a regular a repercussão geral que se refere à audiência pública. Portanto, para aferir a existência da repercussão geral para convocação da audiência pública, não será necessário submeter aos demais ministros, este, aliás, foi o entendimento das audiências públicas já sob a égide da Emenda Regimental n. 29, como foi o caso da audiência pública n. 4 e n. 5, respectivamente, que ficaram conhecidas como audiência pública da saúde e das cotas raciais.

Interesse público relevante

O segundo requisito é a presença de interesse público relevante, dentre os termos e expressões jurídicas, esse requisito pode ser classificado como um daqueles dotados de maior vagueza, embora sua elucidação tenha suscitado diversas teorias no Direito Administrativo, onde ocupa papel central sob a veste do princípio da supremacia do interesse público. Nas lições de Celso Antônio Bandeira de Mello:[49]

> O princípio da supremacia do interesse público sobre o interesse privado é princípio geral de Direito inerente a qualquer sociedade. É a própria condição de sua existência. Assim, não se radica em dispositivo específico algum da Constituição, ainda que inúmeros aludam ou impliquem manifestações concretas dele, como, por exemplo, os princípios da função social da propriedade, da defesa do consumidor ou do meio ambiente (artigo 170, III, V e VI), ou tantos outros. Afinal, o princípio em causa é um pressuposto lógico do convívio social.

Hely Lopes Meirelles,[50] ao escrever sobre o princípio do interesse público, expôs da seguinte maneira:

> O princípio do interesse público está intimamente ligado ao da finalidade. A primazia do interesse público sobre o privado é inerente à atuação estatal e domina-a, na medida em que a existência do Estado justifica-se pela busca do interesse geral.

Dessas lições sobre o princípio do interesse público é possível concluir que para afigurar a existência desse interesse, será necessário a existência de um interesse que transcenda o das partes e aproxime-se de um interesse geral. Mas de fato nos parece impossível formular um conceito estanque sobre o interesse público relevante, restando a aferição caso a caso pelo ministro competente. O requisito de interesse público relevante funciona como um freio à banalização da audiência pública, indicando-a como mecanismo a ser invocado apenas em situações de alta relevância.

Ainda sobre esse novo requisito é necessário identificar sua finalidade e a importância que trouxe para a audiência pública. Até a Emenda Regimental n. 29, a única regulação da audiência pública no Supremo Tribunal Federal era a prevista nas Leis n. 9.868/99 e n. 9.882/99, da análise dos dispositivos que envolvem a matéria, na qual ficou clara a finalidade meramente instrutoria da audiência pública para aqueles diplomas legais (já que os requisitos para sua realização

---

[49] MELLO, Celso Antônio Bandeira. *Curso de direito administrativo*. 11. ed. São Paulo: Malheiros, 1999. p. 55.

[50] MEIRELLES, Hely Lopes. *Direito administrativo brasileiro*. 25. ed. São Paulo: Malheiros, 2000. p. 94.

residem apenas na existência das hipóteses de cabimento que são o necessário esclarecimento da matéria ou das circunstâncias de fato concomitantemente ao interesse do próprio ministro). Mas nessa previsão regimental acrescentou-se a repercussão geral e o interesse público relevante, diante disso podem ser apontadas duas finalidades extraídas desses requisitos: a primeira, já mencionada, é a manutenção da relevância da audiência pública que, como mecanismo de informação, se presta exclusivamente às questões de alta indagação atendendo a repercussão geral e o relevante interesse público, funcionando inclusive como um freio à sua banalização.

Outra finalidade desses dois requisitos pode ser encontrada no reflexo da audiência pública, isto é, a exigência de repercussão geral e relevante interesse público pode facilitar a transformação desse mecanismo de informação em verdadeiro instrumento de prognose, ou seja, a partir do momento em que não basta a vontade do ministro para convocar a audiência pública exigindo-se que afira a viabilidade dessa audiência diante da repercussão geral e interesse público relevante *cria-se a ponte entre os interesses do Supremo Tribunal Federal e os interesses da sociedade civil*, isto é, embora a decisão caiba ao ministro, ao exercer essa discricionariedade, ele deverá considerar o cenário de uma maneira completa, buscando o interesse público relevante e a repercussão geral, aferindo não apenas sua dúvida acerca da matéria ou das circunstâncias de fato, mas o que essa dúvida pode representar à sociedade civil. De toda sorte, esse efeito provocado – a passagem da audiência pública como mecanismo de informação para um instrumento de prognóstico das decisões – será tratado adiante na análise dos efeitos diretos e indiretos.

Alterações no artigo 154 do Regimento Interno do Supremo Tribunal Federal
A Emenda Regimental n. 29 acrescentou ao artigo 154 o inciso III e o parágrafo único com seus sete incisos. O artigo 154 dispõe sobre as situações em que a audiência no Supremo Tribunal Federal será pública e a inserção do inciso III trata especificamente das audiências a que se referem o artigo 13, XVII, e 21, XVII, que, como vimos, cuidam da audiência pública. O parágrafo único inserido por meio de seus sete incisos dispõe especificamente sobre o procedimento dessa audiência pública cabendo a análise individual de cada conduta procedimental:

I – o despacho que a convocar será amplamente divulgado e fixará prazo para a indicação das pessoas a serem ouvidas;
Trata de inciso que procura trazer ampla publicidade e transparência às audiências públicas, fixando a regra de que sua decisão de

convocar a audiência seja conhecida pela maior parte de pessoas e seja fixado prazo para indicação das pessoas a serem ouvidas. É o primeiro contato da audiência pública com a sociedade civil, por essa regra, os interessados indicarão pessoas a serem ouvidas.

Frisa-se que a expressão "amplamente divulgado" vai além da adoção do princípio da publicidade, nos termos como o conhecemos no Direito Administrativo a exemplo pelas palavras de Hely Lopes Meirelles[51] define:

> Publicidade é a divulgação oficial do ato para conhecimento público e início de seus efeitos externos. Daí por que as Leis, atos e contratos administrativos que produzem consequências jurídicas fora dos órgãos que os emitem exigem publicidade para adquirirem validade universal, isto é, perante as partes e terceiros.

Exigir que o despacho convocatório da audiência pública seja amplamente divulgado, vai além da ideia de fixar a decisão em mural ou publicar em Diário Oficial, isto é, vai além da divulgação oficial supracitada. Exige-se que o Supremo Tribunal Federal busque divulgar à sociedade civil, utilizando-se dos mais variados meios de divulgação pela assessoria de imprensa, pelo *site* oficial, entre outros.

II – havendo defensores e opositores relativamente à matéria objeto da audiência, será garantida a participação das diversas correntes de opinião;

Aqui o regimento interno do Supremo Tribunal Federal regulou a prática adotada desde a primeira audiência pública em seu âmbito, pois consagrou as características típicas do devido processo legal com a aplicação do princípio da isonomia, determinando a paridade de exposições no caso de haver teses opostas.

Sobre o devido processo legal, André Ramos Tavares dispõe:

> Assim, considera-se que o termo 'devido' assume o sentido de algo 'previsto', 'tipificado'. Mas não é só. Também requer que seja justo. 'Processo', na expressão consagrada constitucionalmente, refere-se aos trâmites, formalidades, procedimentos, garantias. São as práticas do mundo jurídico em geral. 'Legal', aqui, assume conotação ampla, significando tanto a Constituição como a legislação.
>
> Reunindo, nesses termos, os componentes, tem-se: 'garantias previstas juridicamente'. Esse, sucintamente, o significado da expressão 'devido processo legal'. (...)

---

[51] MEIRELLES, Hely Lopes. *Direito administrativo brasileiro*. 25. ed. São Paulo: Malheiros, 2000. p. 87-88.

O princípio do devido processo legal biparte-se, contudo, passando a ser agregado um aspecto material (substancial). O devido processo legal, no âmbito processual, significa a garantia concedida à parte processual para utilizar-se da plenitude dos meios jurídicos existentes. Seu conteúdo identifica-se com a exigência de 'paridade total de condições com o Estado persecutor e plenitude de defesa'.[52] Na realidade, a paridade de 'armas' tem como destinatário não apenas o Estado, mas também a parte contrária. É, em realidade, o próprio contraditório. (...)

Já o devido processo legal aplicado no âmbito material diz respeito à necessidade de observar o critério da proporcionalidade, resguardando a vida, a liberdade e a propriedade.

Na Audiência Pública n. 5 que ficou conhecida como a das cotas raciais em Universidades, o Ministro Relator Ricardo Lewandowski decidiu questões sobre a paridade de participação, conforme é possível verificar no trecho a seguir transcrito:

A preservação da isonomia tem pautado a história desta Corte Constitucional. Fundado neste princípio constitucional organizei audiência pública para ouvir as diferentes perspectivas conformadoras da sociedade brasileira sobre a utilização do critério étnico-racial na seleção de candidatos para o ingresso no ensino superior.

Desse modo, em função da devida paridade de participação daqueles que defendem a constitucionalidade e a inconstitucionalidade das políticas de ação afirmativa de reserva de vagas no ensino superior não é mais possível a admissão de novos participantes na audiência pública.

Note-se que a redação desse inciso, embora divida as opiniões em duas frentes, isto é, opositores e defensores, ao final garante a participação das diversas correntes de opinião. Portanto, embora se crie dois grupos, é garantida a participação das diversas correntes, podendo ser mais do que duas. Em outras palavras: deve ser garantida as diversas correntes de opinião e caso seja possível devem ser divididas em dois grupos (opositores e defensores).

Aqui será necessário maior atenção do ministro para que não despreze uma corrente de opinião, tomando o cuidado de atribuir oportunidade não somente aos opositores e defensores, mas, dentre eles, os que possuem correntes de opinião diversa. Note-se que cria um duplo critério de seleção: primeiro a divisão em grupos de opositores

---

[52] MORAES. *Direitos humanos fundamentais...*, p. 255.

e defensores em número igual (paridade); e segundo a seleção interna, isto é, no grupo opositor ou defensor, preserva-se o maior número possível de correntes de opinião diversas.

Cabendo mais comentários sobre a questão na análise do próximo inciso que trata, entre outros, da seleção das pessoas que se manifestarão.

III – caberá ao Ministro que presidir a audiência pública selecionar as pessoas que serão ouvidas, divulgar a lista dos habilitados, determinando a ordem dos trabalhos e fixando o tempo que cada um disporá para se manifestar;

Uma das maiores dificuldades diante da audiência pública é justamente a seleção das pessoas que se manifestarão. Não é tarefa fácil, já que o ministro deverá respeitar o inciso II comentado acima, ou seja, deve respeitar a paridade de posições e a diversidade de opiniões. Por outro lado, não se pode deixar de considerar as evidentes limitações de espaço e de tempo que não permitem o franqueamento desenfreado, permitindo a qualquer interessado a participação.

Embora não haja uma regra sobre o limite de tempo destinado a uma audiência pública, sua rotina é exageradamente tensa, ocupando importante espaço das instalações do Supremo Tribunal Federal e mobilizando boa parte de seu quadro de funcionários, inclusive seus ministros que, embora não sejam obrigados a participarem da audiência pública, podem estar presente durante sua realização. Além disso, toda essa mobilização gera um custo ao Supremo Tribunal Federal e não deve ser utilizado sem critérios, de forma ineficiente. Mas por outro lado, o debate plural é necessário ao sucesso da audiência pública e aqui caberá ao ministro que presidir os trabalhos em agir com extrema cautela durante a seleção, procurando manter a paridade e a pluralidade.

Por meio desse inciso cria-se uma fase preliminar à participação na audiência pública, uma *fase de habilitação*. É por essa fase que o Supremo Tribunal Federal, por meio do ministro que presidirá os trabalhos, selecionará os expositores da audiência pública, como regra para essa seleção faz-se remissão ao inciso anterior e seus comentários. Diante do estudo de casos práticos constatamos que as duas audiências públicas realizadas sob a égide da Emenda Regimental n. 29, além de considerar o inciso anterior, também motivou sua decisão de habilitação, especificando seus critérios utilizados. Na quarta audiência pública, que ficou conhecida como audiência pública da saúde, seu presidente, o Ministro Gilmar Mendes especificou os critérios de seleção desta maneira:

Foi adotado como critério para o deferimento dos pedidos, a representatividade da associação ou entidade requerente, a originalidade da tese proposta e o currículo do especialista indicado.[53]

Já na quinta audiência pública (que se refere às cotas raciais nas Universidades), o Ministro Ricardo Lewandowski, que presidiu a audiência, no despacho de habilitação para participação em audiência pública, procurou apontar os objetivos que nortearam a adoção dos critérios utilizados:[54]

> Os critérios adotados para a seleção dos habilitados tiveram como objetivos garantir, ao máximo, (i) a participação dos diversos segmentos da sociedade, bem como (ii) a mais ampla variação de abordagens sobre a temática das políticas de ação afirmativa de acesso ao ensino superior.

Na sexta audiência pública a ser realizada[55] no Supremo Tribunal Federal cujo tema será sobre a conhecida Lei Seca discutindo o consumo de álcool e a direção de veículos automotores e as medidas para sua coibição e seus limites, o Ministro Relator Luiz Fux promoveu a fase de habilitação selecionando os interessados, mas não publicou em conjunto a sua lista os critérios motivadores da seleção.

Na primeira audiência pública (realizada nos autos da ADIn n. 3.510 que questionou a constitucionalidade do artigo 5º da Lei de Biossegurança), os expositores foram convidados pelo ministro que presidiu a audiência; na segunda audiência (que debateu a interrupção da gravidez de fetos anencefálicos), concedeu-se voz aos *amici curiarum* e mais dois especialistas; na terceira (que tratou da importação de pneus), foram criadas – pelo despacho convocatório – apenas quatro vagas para cada posição (defensores e oposição) e caso não houvesse acordo de participação seria realizado sorteio para indicar seus expositores; na quarta audiência pública (que discutiu a prestação de saúde pelo Sistema Único de Saúde), já sob a égide da Emenda Regimental n. 29, os interessados foram convidados a enviar os dados do representante que indicaram para expor, bem como os pontos principais de suas teses atribuindo um prazo de dez dias para a divulgação dos habilitados,

---

[53] Trecho do pronunciamento de abertura da Audiência Pública n. 4, realizado pelo Ministro Gilmar Mendes.

[54] Trecho do despacho de habilitação para participantes da audiência pública. Disponível em: <http://www.stf.jus.br/portal/cms/verTexto.asp?servico=processoAudienciaPublicaAcaoAfirmativa>. Acesso em: 1º jan. 2011.

[55] Agendada para os dias 7 e 14 de maio de 2012.

dessa mesma maneira foi feita na quinta audiência pública no Supremo Tribunal Federal (que tratou da cotas raciais em Universidades), mas entre o prazo final de inscrição e a divulgação do resultado final transcorreram dezesseis dias. Na sexta audiência pública a ser realizada (Lei Seca) foi divulgada a lista dos habilitados dez dias após o final do prazo para inscrição.

O período de exposição também ficou para ser definido caso a caso, nas últimas audiências esse período foi de aproximadamente quinze minutos para cada expositor, mas deverá variar de acordo com a duração da audiência pública, o número de habilitados, a complexidade da matéria entre outras circunstâncias.

IV – o depoente deverá limitar-se ao tema ou questão em debate;

Embora esse inciso seja autoexplicativo, vale comentar a duplicidade do comando, pois ele é dirigido aos depoentes e ao ministro presidente da audiência pública. Aos depoentes por se tratar de uma regra a qual devem se ater e ao ministro presidente pelo dever de zelar para que a audiência pública não saia dos trilhos, isto é, pela manutenção da ordem na audiência pública de modo que ela alcance suas finalidades. É, por fim, um comando de preservação da própria audiência pública, reafirmando sua importância e impedindo a deturpação de seu uso, ou seja, obriga-se a seriedade de seu desenrolar e evita-se que a audiência pública seja palco de manifestações alheias ao seu objetivo.

V – a audiência pública será transmitida pela TV Justiça e pela Rádio Justiça;

A TV Justiça foi criada pela Lei n. 10.461 de 17 de maio de 2002, que alterou a Lei n. 8.977 de 6 de janeiro de 1995 que dispõe sobre o Serviço de TV a cabo, inserindo-a no rol de canais básicos de utilização gratuita, pela alínea *h*, como um canal reservado ao Supremo Tribunal Federal para a divulgação dos atos do Poder Judiciário e dos serviços essenciais à Justiça. A partir de 2007 a TV Justiça passou à transmissão aberta, adotando convênios com canais locais, em São Paulo teve sua primeira transmissão aberta em 22 de março de 2010. Já a Rádio Justiça criada 5 de maio de 2004, incialmente com frequência alcançada apenas no plano piloto de Brasília, em 2007, ampliou esse alcance para todo o Distrito Federal via rádio, contudo desde sua criação, sua programação estava disponível na rede mundial de computadores por meio do *site* oficial do Supremo.

Os ministros que convocaram as audiências públicas, desde sua primeira realização, adotaram a prática de convocar a TV Justiça e a Rádio Justiça para sua transmissão e, em paralelo, editaram regras de credenciamento para que a imprensa em geral também estivesse presente, podendo transmitir essas audiências públicas. Essa prática se revelou fundamental para o alcance dos efeitos indiretos da audiência pública, dentre os quais apontamos, por ora, a absorção do debate no Supremo Tribunal Federal pela sociedade civil que será abordado em item específico.

VI – os trabalhos da audiência pública serão registrados e juntados aos autos do processo, quando for o caso, ou arquivados no âmbito da Presidência;

Trata de regra de suma importância para a produção de efeitos da audiência pública, pois se refere ao seu registro e arquivamento, possibilitando a perenidade dos debates promovidos durante sua realização.

Com essa regra, as audiências públicas ganham perpetuidade, acompanhando o processo em que se desenvolveu e ficando disponível aos interessados em geral. Graças a esse registro os ministros, mesmo os que não estiveram presentes na audiência pública, poderão acessar e se utilizar de seu conteúdo. Outra importante conclusão é possível extrair deste inciso, já que aponta o local de arquivamento do registro, indicando *os autos do processo, quando for o caso, ou arquivados no âmbito da Presidência.*

Essa segunda possibilidade chama a atenção, gerando o questionamento formulado acima, especificamente ao tratar do artigo 13, XVII, do Regimento Interno do Supremo Tribunal Federal: teria o artigo 13, XVII, desvinculado a audiência pública do processo? Como já respondido alhures da análise do artigo 13, XVII, em conjunto ao artigo 154, VI, fica clara a possibilidade de audiência pública no âmbito da presidência sem a necessidade de se vincular ao processo, desde que a questão atenda os requisitos como a repercussão geral e o relevante interesse público. Com isso não se quer dizer que o presidente do Supremo Tribunal Federal poderá convocar audiência pública sobre qualquer assunto que pretenda, deverá, antes, conjugar os requisitos regimentais que podem ser resumidos em: a) necessidade de esclarecer questões ou circunstâncias de fato; b) que tenham repercussão geral; c) interesse público relevante; e d) que sejam debatidas no âmbito do Tribunal.

O último requisito exige que a questão não seja alheia ao Tribunal, isto é, a questão deverá estar nos debates da Corte. Será possível que as questões que exigem esclarecimentos estejam nos debates do Supremo Tribunal Federal sem a existência de processos? O fato é que o RISTF não o exige, mas a previsão presta a uma finalidade específica que é a possibilidade de se realizar audiência pública não por força de um processo exatamente, mas, sim, por muitos. Explicando melhor: é possível realizar a audiência pública fora do processo comum, recomendando a existência de um processo administrativo a respeito para que se arquive todos os atos produzidos e se preste à utilização de qualquer interessado, podendo facilitar a tomada de diversas decisões, ampliando os conhecimentos fáticos sobre determinado assunto, além dos outros efeitos típicos da audiência pública, como a aferição de prognose das futuras decisões, aproximação entre o Judiciário e a sociedade civil, e por que não, a aproximação também da sociedade técnica ou científica das mais diversas áreas. De toda sorte é tema de tópico próprio, denominado "efeitos das audiências públicas" que será exposto adiante.

VII – os casos omissos serão resolvidos pelo ministro que convocar a audiência;
Por todo o momento, tanto no Regimento Interno do Supremo Tribunal Federal (RISTF) quanto na legislação que menciona a audiência pública na Corte, é apontado ao ministro que convoca a audiência pública a responsabilidade de decidir sobre quaisquer questões que surjam por tal ocasião. Desde a primeira audiência pública, coube ao ministro que convocou a audiência pública dirigi-la e decidir sobre qualquer questão incidente, naquele momento não havia sequer previsão regimental, o que o forçou a adotar disposições do Regimento Interno da Câmara dos Deputados. Portanto, a prática diante da realização de audiências públicas já indicava o ministro convocador da audiência pública como a autoridade para decidir qualquer incidente. Nesse caso, a previsão regimental, ao invés de adotar regulamento subsidiário para os casos de eventuais omissões, destinou ao juízo do ministro convocador as soluções não previstas até então.
Talvez uma questão possa ser levantada a respeito da redação desse inciso em comparação à redação do inciso III do mesmo artigo, como se verá no quadro comparativo abaixo:

Art. 154, III	Caberá ao *ministro que presidir a audiência pública* selecionar as pessoas que serão ouvidas, divulgar a lista dos habilitados, determinando a ordem dos trabalhos e fixando o tempo que cada um disporá para se manifestar.
Art. 154, VII	Os casos omissos serão resolvidos pelo *ministro que convocar a audiência*.

O ministro que convoca a audiência pública será o seu presidente? Diante da análise das previsões regimentais ou legais, não encontramos qualquer regra específica sobre o assunto, mas nos parece que a regra indica que o presidente da audiência pública será a mesma autoridade que a convocou, pois, entre eles, não há outra distinção regimental, exceto esta. Os encargos e decisões a respeito da realização das audiências públicas são destinados ao ministro que a convocou, ademais, a previsão do artigo 154, III, do RISTF atribui os atos de seleção dos expositores e divulgação desta lista ao ministro que presidirá a audiência, entretanto são atos que devem, necessariamente, ser realizados antes dessa audiência, ficando – por óbvio – ao encargo do ministro que convocou a audiência pública.

Entretanto, não parece que seja necessário que o ministro que convocou a audiência pública seja o mesmo que a presida, o fato é que o exercício da presidência da audiência pública é uma prerrogativa do ministro que a convocou, mas, se entender necessário, poderá franquear ao presidente do STF que delegue essa função a outro ministro, aliás essa é uma situação omissa no Regimento Interno do Supremo Tribunal Federal e como tal caberá à decisão do ministro que convocou a audiência pública.

Há previsão no artigo 148[56] do Regimento Interno de o presidente do Tribunal, quando comparecer nas sessões de Turma, assumir a presidência, nesse caso, parece-nos que cabe ao ministro relator passar a presidência da sessão ao presidente do Supremo Tribunal Federal, como ocorreu no caso da terceira audiência pública, conhecida como a que se concentrou sobre a interrupção da gravidez no caso de fetos anencéfalos, ou interrupção terapêutica da gravidez.

Em suma: dentre as inovações inauguradas pela emenda regimental, vale destacar a hipótese de incidência da audiência pública, isto é, as hipóteses que permitem a realização dessas audiências. Note-se que a emenda regimental trouxe a possibilidade de realizar a audiência pública em qualquer processo, até então, a única previsão a respeito era disposta na Lei que regula a arguição de descumprimento de preceito fundamental e na ação direta de inconstitucionalidade. Com o avanço

---

[56] "Art. 148. Nas sessões das Turmas, o Presidente tem assento à mesa, na parte central, ficando o Procurador Geral à sua direita. Os demais Ministros sentar-se-ão, pela ordem decrescente de antiguidade, alternadamente, nos lugares laterais, a começar pela direita. Parágrafo único. Quando o Presidente do Tribunal comparecer à sessão de Turma para julgar processo a que estiver vinculado, ou do qual houver pedido vista, assumir-lhe-á a presidência pelo tempo correspondente ao julgamento."

regimental, a audiência pública deixou de ficar adstrita a essas ações, podendo versar sobre qualquer processo com repercussão geral e de interesse público relevante, debatidas no âmbito do Tribunal.

Além disso, na previsão legal apenas o relator do processo poderia convocar as audiências, já na emenda regimental, além do relator do processo, foi facultado ao presidente do Supremo Tribunal Federal essa convocação, ampliando tanto a categoria dos processos a que a audiência pública pode ser aplicada quanto o ambiente de aplicação, isto é, permitiu-se um ambiente além do processo.

2.3 Efeitos das audiências públicas

A complexidade e a pluralidade de conceitos e elementos que envolvem as audiências públicas propulsionam a produção de diversos efeitos e para analisá-los será necessário, em um primeiro momento, retomar a parte final do conceito de audiência pública escrito alhures. Abaixo transcrevemos a parte final desse conceito para que possamos utilizá-lo de guia no desenvolvimento deste complexo subitem:

> (...) com a finalidade de *esclarecer os Ministros sobre a matéria ou circunstâncias de fato*, além de *criar oportunidade para se debater simultaneamente as teses opostas e com fundamentos variados, ampliando e fomentando o debate dentro e fora da Corte, ampliando a transparência e publicidade das atividades do Supremo Tribunal Federal*, e trazer *maior pluralidade ao processo constitucional*, além de *aproximar a sociedade da Corte*, e ainda, possibilitar a *aferição de efeitos do julgado realizando um prognóstico do comportamento social diante da decisão a ser tomada*. (grifos nossos)

A primeira tarefa a ser realizada é a classificação desses efeitos identificados em duas grandes categorias, a primeira denominamos de *efeitos diretos* e a segunda de *efeitos indiretos*. O critério de seleção utilizado para classificar os efeitos em diretos e indiretos se restringiu a relação de produção de efeitos da audiência pública pelo Supremo Tribunal Federal e sua interação e recepção pela sociedade. Assim, os *efeitos diretos* são os provocados diretamente pela realização da audiência pública, independente da reação da sociedade perante essa realização. Já os *efeitos indiretos* são os provocados pela reação e interação da sociedade diante da realização da audiência pública. Os efeitos diretos operarão independente da polêmica do tema, da aderência da matéria ao dia a dia da sociedade, da ampla divulgação para a mídia não especializada e de seu alcance social. Já os indiretos, ao contrário dos diretos, dependerão não apenas da realização da audiência pública, mas também do interesse que a matéria representa para a sociedade, da ampla divulgação pela mídia não especializada, da aceitação e introdução do tema no seio da sociedade civil, etc.

Dentre os *efeitos diretos* podemos incluir o *esclarecimento sobre a matéria ou circunstância de fato; oportunidade para se debater teses opostas; ampliação e fomento do debate na Corte;* e *maior pluralidade atribuída ao processo constitucional.* Já os *efeitos indiretos* são a *ampliação e fomento do debate fora da Corte; aproximação entre a sociedade e o Supremo Tribunal Federal;* e a *aferição de efeitos do julgado realizando um prognóstico do comportamento social diante da decisão a ser tomada.*

Iniciaremos pelo estudo dos *efeitos diretos*:

a) Esclarecer os Ministros

O primeiro efeito direto da audiência pública é o esclarecimento dos ministros acerca da matéria ou circunstâncias de fato. Como já assinalado alhures,[57] o esclarecimento sobre a matéria tem seu núcleo na natureza e na complexidade da própria matéria. Para incorrer nessa hipótese, a matéria deve ser demasiadamente complexa. Para identificar a complexidade é necessário adotar um referente e, nesse caso, a matéria complexa para o Supremo Tribunal Federal deve ser entendida como aquela que extrapola a gama de conhecimentos inerentes ao saber jurídico.

Já o esclarecimento sobre as circunstâncias de fato é hipótese que encontra seu núcleo na questão levada ao Supremo Tribunal Federal, isto é, para os casos em que os fatos sejam necessários, mas ainda estejam nebulosos.

b) Debate de teses opostas

Embora o Supremo Tribunal Federal não seja uma "Academia de ciências", como já frisado pela Ministra Ellen Gracie[58] em trecho de voto na Ação Direta de Inconstitucionalidade n. 3.510 que ensejou a primeira audiência pública da Corte, é válido e claro o efeito direto provocado pela convocação e realização de audiência pública no Supremo Tribunal Federal ao proporcionar o debate de teses opostas com fundamentos variados, pois o artigo 154, parágrafo único, II,[59] do

---

[57] Ao tratar dos comentários à Lei n. 9.868/99.

[58] *Vide* o estudo de caso da primeira audiência pública.

[59] "Art. 154, parágrafo único, II "havendo defensores e opositores relativamente à matéria objeto da audiência, será garantida a participação das diversas correntes de opinião";

Regimento Interno do Supremo Tribunal Federal consagrou a regra aplicada desde a primeira audiência pública, incentivando ainda a isonomia e o devido processo legal.

O debate ocupa papel central na audiência pública exigindo o confronto de teses opostas quando possível, isto é, quando houver mais de uma tese a respeito (o que nos parece que sempre haverá diante das questões complexas). Além do debate de teses opostas nas Audiências Públicas n. 4 e n. 5, os ministros que as presidiram deixaram claro sua intenção em preferir a originalidade e variedade de fundamentos. Assim criou-se uma seleção dupla, a externa escolhendo e franqueando teses opostas, mantendo a paridade; mas internamente há uma preferência pela originalidade e variedade de fundamentos, portanto, como costumeiramente há mais candidatos inscritos para participar da audiência pública do que permite o Supremo Tribunal Federal ouvir, por força do espaço e do tempo, há a fase de habilitação que já mencionamos antes e nessa fase é possível identificar essa preferência, o que alimenta ainda mais o debate, reafirmando a produção desse efeito que ecoa na própria sociedade científica, além de fortalecer o primeiro efeito provocado, isto é, o esclarecimento dos ministros.

c) Ampliação e fomento do debate no interior da Corte

Com os debates realizados em audiência pública o Supremo Tribunal Federal passa a ter uma gama de argumentos para ambas as teses, que provavelmente, até então não contavam. A simpatia e adoção de cada uma dessas teses ou argumentos passam a ampliar o debate no interior da Corte, pois seus ministros, caso as adotem, trarão para o seio do Supremo Tribunal Federal as questões fáticas discutidas nas audiências públicas, que até aquele momento, provavelmente eram desconhecidas e jamais configurariam como argumentos ou elementos para a decisão.

d) Trazer maior pluralidade ao processo constitucional

Peter Häberle, ao dissertar[60] sobre a relativização da interpretação constitucional jurídica, traz um trecho esclarecedor sobre esse efeito que ora se analisa, sendo, portanto, fundamental para o desenvolvimento desta parte transcrevê-lo:

---

[60] HÄBERLE, Peter. *Hermenêutica constitucional, a sociedade aberta dos intérpretes da Constituição*: contribuição para a interpretação pluralista e "procedimental" da Constituição. Tradução de Gilmar Ferreira Mendes. Porto Alegre: Sergio Antonio Fabris, 1997. p. 30-31.

Essa relativização assenta-se nas seguintes razões:

1. O juiz constitucional já não interpreta, no processo constitucional, de forma isolada: muitos são os participantes do processo; as formas de participação ampliam-se acentuadamente;

2. Na posição que antecede a interpretação constitucional 'jurídica' dos juízes *(Im Vorfeld juristischer Verfassungsinterpretation der Richter)*, são muitos os intérpretes, ou, melhor dizendo, todas as forças pluralistas públicas são, potencialmente, intérpretes da Constituição. O conceito de 'participante do processo constitucional' *(am Verfassungsprozess Beteiligte)* relativiza-se na medida em que se amplia o círculo daqueles que, efetivamente, tomam parte na interpretação constitucional. A esfera pública pluralista *(die pluralistische Öffentlichkeit)* desenvolve força normatizadora *(normierende Kraft)*. Posteriormente, a Corte Constitucional haverá de interpretar a Constituição em correspondência com sua atualização pública; (...)

Assim a realização de audiência pública traz para o processo constitucional certa heterogeneidade, isto é, uma arena dominada completamente pela ciência do direito passou a receber as demais ciências e expertises, o processo constitucional deixou de ser área de atuação exclusiva do direito e permitiu e incentivou o debate plural. As ideias de Peter Häberle diante da pluralidade dos intérpretes da constituição inspiram instrumentos e mecanismos como a audiência pública, por isso a pluralidade no processo constitucional é um efeito direto dessas audiências, pois insere-se a ele teses e conceitos diversos do âmbito jurídico, trazidos não pelos operadores do direito e sim, por cientistas, técnicos ou experientes das mais variadas áreas cada qual com sua colaboração.

Passemos aos *efeitos indiretos* que como exposto acima dependem da recepção da audiência pública pela sociedade e são a *ampliação e fomento do debate fora da Corte, aproximação entre a sociedade e o Supremo Tribunal Federal* e a *aferição de efeitos do julgado realizando um prognóstico do comportamento social diante da decisão a ser tomada.*

a) Ampliação e fomento do debate fora da Corte

O debate na Corte é de suma importância e a audiência pública com a sistemática adotada, buscando o confronto de teses e fundamentos diversos, é um excelente instrumento para isso. Entretanto, a ampliação e o fomento do debate apontado por esse efeito indireto é aquele existente além das portas do Supremo Tribunal Federal.

Aqui, estuda-se o efeito da audiência pública produzido no seio da sociedade, o quanto os debates na Corte ampliaram e fomentaram os debates fora dela. É possível aqui encontrar, ao menos, duas dimensões. A primeira se refere a provocação desse efeito na sociedade especializada, ou seja, a audiência pública realizada ou apenas convocada provoca um alvoroço na comunidade científica, técnica ou experimental (que de certa maneira vive os problemas que são ou serão discutidos). Prova disso é que, conforme se verificará no estudo de casos, nas audiências públicas em que se permitiu a inscrição, o número foi sempre estrondoso como nas audiências de n. 4 e n. 5, por exemplo, sendo respectivamente 140 (aproximado) e 252 requerimentos de participação.

A segunda dimensão se refere à provocação desse efeito na sociedade civil que costuma ocorrer com a disseminação das notícias na mídia comum, transformando-se em pauta dos noticiários diários e levando o mesmo debate realizado no Supremo Tribunal Federal para o lar e demais espaços de convivência. Todos, de certa maneira, passam a emitir opiniões a respeito, formando debates paralelos aos ocorridos no Supremo Tribunal Federal.

b) Aproximação entre a sociedade e o Supremo Tribunal Federal

Tanto a sociedade especializada quanto a civil, mesmo os que não participaram efetivamente da audiência pública, passa a considerar o Supremo Tribunal Federal mais próximo, passando a enxergá-lo com tons de humanização. De certa maneira, a sociedade passa a saber o que o Supremo Tribunal está fazendo e isso também alimenta o interesse sobre suas decisões e suas atividades.

c) Aferição prévia da recepção do julgado realizando um prognóstico do comportamento social diante da decisão a ser tomada

A audiência pública produz, na sociedade, um efeito indireto que é decorrente e dependente da existência do primeiro efeito indireto já mencionado (ampliação e fomento do debate fora da Corte). Com a ampliação e fomento desse debate, seja na primeira dimensão (sociedade especializada), seja na segunda (sociedade civil), cria-se a oportunidade de receber, antes do julgamento, uma prognose da posição da sociedade diante da futura decisão constitucional. É uma espécie de retorno ao Supremo Tribunal Federal com manifestação a respeito do julgamento de seus julgadores.

A sociedade, ao adentrar e tomar para si os debates que acontecem na Corte, pode evoluir até a previsão de decisões que poderão ser tomadas pelo Supremo Tribunal Federal e, diante dessas previsões, se manifestar favorável ou desfavoravelmente na mídia, em especial pelas mídias sociais, possibilitando à Corte uma aferição prévia da recepção do julgado em um ou outro sentido.

Dos efeitos da audiência pública, talvez esse seja o mais raro, pois, para sua existência, depende de um debate sobre temas polêmicos que encontram aderência ao dia a dia da sociedade civil mediante ampla divulgação e, ainda, que os debates aconteçam nesse novo ambiente, isto é, no seio da sociedade civil. Ainda mais um requisito para operação desse efeito, os debates devem evoluir a ponto de prever hipóteses para suas decisões e a sociedade, à sua maneira, se posicionar simpatizante de uma ou outra decisão ainda hipotética.

Embora exista a dificuldade em se operar esse efeito, pode-se perceber seus efeitos colaterais e, dentre eles, ficaremos adstritos ao risco de interferência na decisão do Supremo Tribunal Federal. Isto é, a possibilidade de provocar pressão popular na Corte a ponto de influenciar a decisão de algum ministro e, por fim, do próprio julgado.

É possível perceber a produção desse efeito indireto, isto é, aferição prévia da recepção do julgado pela sociedade no caso emblemático em que se desenvolveu a primeira audiência pública do Supremo Tribunal Federal. No caso em que uma pesquisa realizada pelo Instituto Ibope[61] foi apontada no voto do Ministro Marco Aurélio. Mas o mencionado efeito colateral, caso exista, é muito mais perigoso do que parece já que uma das principais qualidades do Tribunal Constitucional é assegurar a Constituição mesmo que seja para assegurar os direitos das minorias não cedendo à democracia apenas majoritária, mas, sim, também à contramajoritária, afinal e além de tudo, democracia pressupõe respeito aos direitos fundamentais,[62] pois, como explica Gilmar Mendes, citando Kelsen,[63] sobre passagem acerca das maiorias e minorias diante do Tribunal Constitucional:

> Se se considera que a essência da democracia reside não no império absoluto da minoria, mas exatamente no permanente compromisso entre maioria e minoria dos grupos populares representados no Parlamento, então representa a jurisdição constitucional um instrumento adequado para a concretização dessa ideia. A simples possibilidade de impugnação perante a Corte Constitucional parece configurar instrumento adequado para preservar os interesses da minoria contra lesões, evitando a configuração de uma ditadura da maioria, que, tanto quanto a ditadura da minoria, se revela perigosa para paz social.

---

[61] *Vide* comentários à primeira audiência pública no Capítulo 3.

[62] VELLOSO, Carlos Mário da Silva; AGRA, Walber de Moura. *Elementos de direito eleitoral.* 2. ed. São Paulo: Saraiva, 2010. p. 21.

[63] KELSEN, Hans. Wesen ud Entwicklung der Staatsgerichtsbarkeit, VVDS-tRL, *op. cit.,* p. 80-1 *apud* MARTINS, Ives Gandra da Silva; MENDES, Gilmar Ferreira. *Controle concentrado de constitucionalidade.* 3. ed. São Paulo: Saraiva, 2009. p. 301.

Portanto, se esse efeito colateral existir estará comprometida a função precípua da Corte Constitucional, podendo até viciar seus julgados, provocando critério majoritário para decisão constitucional. Mais adiante, na conclusão, será analisada detalhadamente essa hipótese.

CAPÍTULO 3

ESTUDO DE CASOS

3.1 Metodologia e finalidade das análises

Este capítulo foi destinado ao estudo das audiências públicas realizadas no âmbito do Supremo Tribunal Federal.[64] A definição da metodologia para este capítulo não foi tarefa fácil, já que cada audiência pública seguiu uma dinâmica diferente, encontrando variações diametralmente opostas, seja pela variação de seu regramento, seja pelo tempo transcorrido entre uma e outra, seja pelos aspectos polêmicos acerca de sua finalidade seja, ainda, pela dificuldade oriunda da ausência de julgamentos. Especificamente diante da ausência de julgamentos vale dizer que essa se constituiu uma grande barreira para a pesquisa já que das cinco audiências públicas realizadas apenas duas foram julgadas: a primeira que tratou da aferição de constitucionalidade do artigo 5º da Lei de Biossegurança, conhecida como audiência pública das células-tronco, cujo relator foi o Ministro Carlos Ayres Britto; e a segunda que tratou da importação de pneus usados cuja relatora foi a Ministra Cármen Lúcia.

A base da pesquisa foi a análise de cada audiência pública abrangendo o estudo de seu processo ou processos de origem, a identificação da autoridade convocadora e do presidente do Supremo à época, o fundamento jurídico da convocação, data de convocação, publicidade e processo de seleção de participantes, quantidade de pessoas que se manifestaram, comparando com a quantidade de requerimentos para

---

[64] A análise adotou como parâmetro máximo o mês de dezembro de 2011.

tal, presença dos ministros no desenvolver da audiência pública, julgamento dos casos submetidos à audiência pública e posições adotadas pelos ministros diante desse instrumento, seja por trechos de seus votos ou de discursos.

Para realizar essa comparação, utilizaremos um questionário comum, cujas questões são: tema da audiência, ministro convocador, presidente do Supremo à época, data de convocação e realização, regramento, publicidade e divulgação, critério de admissão (convites, seleção, etc.), quantidade de pessoas que se manifestaram, quantidade de pessoas que se inscreveram (para os casos que se permitiu as inscrições), ministros presentes, julgamento e posições dos ministros a respeito da audiência pública. Em cada questão, além da exposição descritiva, foi adotada uma análise crítica e comparativa pretendendo esmiuçar ainda mais suas respostas. Para contribuir com a comparação, elaborou-se ao final de cada audiência pública um quadro sinóptico com algumas das questões mencionadas acima.

A grande variação entre essas audiências, embora dificulte sua análise, atribui a verdadeira razão para sua realização, já que a finalidade deste estudo é, de certa maneira, dependente dessa grande variação, pois daqui urge o interesse para comparação. Trata-se de um instituto ainda incipiente, pouco utilizado, e com a análise de sua prática pretende-se buscar e fixar elementos comuns e díspares, realçando a utilidade de cada pormenor e procurando contribuir para o debate e aperfeiçoamento das audiências públicas no cenário jurídico nacional.

3.2 Primeira audiência pública: Lei de Biossegurança

A primeira audiência pública realizada no Supremo Tribunal Federal tratou de importante tema relacionado ao início da vida humana. O Procurador Geral da República à época, o Dr. Claudio Fonteles, questionou o artigo 5º[65] da Lei n. 11.105/2005 que ficou conhecida como a

---

[65] "Art. 5º É permitida, para fins de pesquisa e terapia, a utilização de células-tronco embrionárias obtidas de embriões humanos produzidos por fertilização *in vitro* e não utilizados no respectivo procedimento, atendidas as seguintes condições:
I – sejam embriões inviáveis; ou
II – sejam embriões congelados há 3 (três) anos ou mais, na data da publicação desta Lei, ou que, já congelados na data da publicação desta Lei, depois de completarem 3 (três) anos, contados a partir da data de congelamento.
§1º Em qualquer caso, é necessário o consentimento dos genitores.
§2º Instituições de pesquisa e serviços de saúde que realizem pesquisa ou terapia com células-tronco embrionárias humanas deverão submeter seus projetos à apreciação e aprovação dos respectivos comitês de ética em pesquisa.

CAPÍTULO 3
ESTUDO DE CASOS | 81

Lei de Biossegurança por meio da Ação Direta de Inconstitucionalidade n. 3.510 iniciada em 30 de maio de 2005.

Na petição inicial, o Procurador Geral da República dedicou a maior parte de sua redação às questões fáticas, apoiando sua tese na fecundação como início da vida, corroborando seu entendimento em pesquisas científicas que apontam avanços mais promissores com células-tronco adultas do que com as embrionárias. O pedido foi composto de duas partes: a primeira referente à declaração de inconstitucionalidade do artigo 5º e parágrafos da Lei n. 11.105 de 24 de março de 2005; já na segunda, fundamentando-se no artigo 9º, §1º, da Lei n. 9.868/99, solicita a realização de audiência pública e que nove pessoas deponham sobre o tema que elencou ao final da petição inicial.

Essa ação direta de inconstitucionalidade ficou sob a relatoria do ministro Carlos Ayres Britto que em 19 de dezembro de 2006 proferiu despacho,[66] convocando a audiência pública. No item 4 desse despacho, o ministro apontou a *saliência do tema, sua multidisciplinariedade e a pluralidade de entendimentos diante da tutela do direito à vida, mencionando que a audiência pública, nesse caso, se justifica no intento de subsidiar os ministros, além de possibilitar uma maior participação da sociedade civil ante tamanha controvérsia constitucional, buscando também uma maior legitimação da decisão a ser tomada.*

Em 16 de março de 2007 o relator proferiu novo despacho[67] determinando as regras que seriam aplicadas à audiência, pois verificou

---

§3º É vedada a comercialização do material biológico a que se refere este artigo e sua prática implica o crime tipificado no artigo 15 da Lei n. 9.434, de 4 de fevereiro de 1997."

[66] "4. *Daqui se deduz que a matéria veiculada nesta ação se orna de saliente importância, por suscitar numerosos questionamentos e múltiplos entendimentos a respeito da tutela do direito à vida. Tudo a justificar a realização de audiência pública, a teor do §1º do artigo 9º da Lei nº 9.868/99. Audiência, que, além de subsidiar os ministros deste Supremo Tribunal Federal, também possibilitará uma maior participação da sociedade civil no enfrentamento da controvérsia constitucional, o que certamente legitimará ainda mais a decisão a ser tomada pelo Plenário desta nossa colenda Corte.* 5. Esse o quadro, determino: a) a realização de audiência pública, em data a ser oportunamente fixada (§1º do artigo 9º da Lei n. 9.868/99); b) a intimação do autor para apresentação, no prazo de 15 (quinze) dias, do endereço completo dos experts relacionados às fls. 14; c) a intimação dos requeridos e dos interessados para indicação, no prazo de 15 (quinze) dias, de pessoas com autoridade e experiência na matéria, a fim de que sejam ouvidas na precitada sessão pública. Indicação, essa, que deverá ser acompanhada da qualificação completa dos experts" (grifos nossos).

[67] "Sem embargo, e conquanto haja previsão legal para a designação desse tipo de audiência pública (§1º do artigo 9º da Lei n. 9.868/99), não há, no âmbito desta nossa Corte de Justiça, norma regimental dispondo sobre o procedimento a ser especificamente observado. 3. *Diante dessa carência normativa, cumpre-me aceder a um parâmetro objetivo do procedimento de oitiva dos experts sobre a matéria de fato da presente ação. E esse parâmetro não é outro senão o Regimento Interno da Câmara dos Deputados, no qual se encontram dispositivos que tratam da realização, justamente, de audiências públicas (artigos 255 usque 258 do RI/CD). Logo, são*

que, embora houvesse previsão legal para a designação dessa audiência (artigo 9º, §1º da Lei n. 9.868/99), havia carência de norma regimental no âmbito da Corte e, diante disso, optou pela adoção do regimento interno da Câmara dos Deputados no que tange o procedimento da audiência pública (artigos 255 *usque* 258). Nesse mesmo despacho fixou data, local, horário e solicitou a expedição de ofícios aos demais ministros que quisessem participar da audiência, determinando também a intimação do autor, dos requeridos e dos *amici curiarum*, informando sobre o local, a data e o horário, e ainda, convites a especialistas da área que indicou no final do despacho.

Assim a primeira audiência pública do Supremo Tribunal Federal teve 22 exposições ao longo do dia 20 de abril de 2007 para produzir a *documentação* de todo o teor produzido pela audiência, além do seu teor ser reduzido a termo e anexado aos autos, o ministro relator solicitou a filmagem e a transmissão da audiência pública na íntegra pela *TV Justiça* e franqueou às demais redes de televisão a captação e reprodução de todas as imagens, assim como diante da *Rádio Justiça*, que transmitiu ao longo de sua programação a audiência pública. O Supremo Tribunal Federal também destinou aos demais segmentos da imprensa a possibilidade de presenciar e relatar a audiência pública, o que ampliou a ligação entre a sociedade e a realização dessa audiência.

A Ministra Ellen Gracie que presidia o Supremo Tribunal Federal, ao *abrir a audiência pública, se referiu ao ato de julgar da seguinte forma*:

> O ato de julgar é antes de mais nada um grande exercício de humildade intelectual. Por isso, o Supremo Tribunal Federal se reúne para ouvir a opinião dos especialistas, acrescentar e aprofundar conhecimentos, para que possa, ciente das limitações que são próprias do ser humano, tentar encontrar a solução neste, como nos outros casos. (...)

---

esses os textos normativos de que me valerei para presidir os trabalhos da audiência pública a que me propus. Audiência coletiva, realce-se, prestigiada pela própria Constituição Federal em mais de uma passagem, como *verbi gratia*, o inciso II do §2º do artigo 58, cuja dicção é esta: 'art. 58. O Congresso Nacional e suas Casas terão comissões permanentes e temporárias, constituídas na forma e com as atribuições previstas no respectivo regimento ou no ato de que resultar sua criação. (...) §2º Às comissões, em razão da matéria de sua competência, cabe: (...) II – realizar audiências públicas com entidades da sociedade civil; (...)' 4. Esse quadro, fixo para o dia 20 de abril de 2007, das 9h às 12h e das 15h às 19h, no auditório da 1ª Turma deste Supremo Tribunal Federal, a realização da audiência pública já designada às fls. 448/449. Determino, ainda: a) a expedição de ofício aos Excelentíssimos Ministros deste Supremo Tribunal Federal, convidando-os para participar da referida assentada; b) a intimação do autor, dos requeridos e dos *amici curiarum*, informado-lhes sobre o local, a data e o horário de realização da multicitada audiência; c) a expedição de convites aos especialistas abaixo relacionados: (...)." (grifos nossos)

CAPÍTULO 3
ESTUDO DE CASOS | 83

Não posso encerrar esse pronunciamento sem louvar a iniciativa de meu colega, Ministro Carlos Ayres Britto, que adota, pela primeira vez, esta faculdade que a Lei nos concede de fazer ouvir *experts* na matéria. Sua Excelência recebe de toda a Corte os elogios, e creio que recebe da população brasileira, também, o reconhecimento por esta possibilidade e este impulso de fazer com que o Tribunal se abra, efetivamente, para a comunidade científica.[68]

A ampla divulgação da audiência pública fez com que a questão fosse debatida no seio da sociedade civil, isto é, a sociedade especializada se manifestou e disseminou suas ideias por toda a sociedade que debateu o tema nas mais diversas searas.

Em que pese a ampla divulgação e o acompanhamento de perto por toda a sociedade especializada e civil, a presença dos ministros foi escassa, estando presente o ministro relator, a presidente do Supremo Tribunal Federal à época, Ministra Ellen Gracie, e os Ministros Gilmar Mendes e Joaquim Barbosa. Essa ausência da maioria dos ministros foi um ponto criticado por parte dos expositores, conforme relata Rafael Scavone Bellem de Lima, em sua monografia[69] sobre essa audiência, na qual entrevistou dez dos 22 expositores.

O julgamento da Ação Direta de Inconstitucionalidade n. 3.510 se realizou em 29 de maio de 2008, sendo julgada improcedente por maioria de votos, vencidos, parcialmente em diferentes extensões, os Ministros Menezes Direito, Ricardo Lewandowski, Eros Grau, Cezar Peluso e Gilmar Mendes. Na análise do julgamento, constata-se que todos os votos, concluídos tanto pela procedência quanto pela improcedência, mencionaram a realização da audiência pública, sendo que alguns deles utilizaram o teor de depoimentos prestados na audiência como fundamento de sua decisão ou na construção de sua argumentação. No próprio acórdão, a menção à audiência pública foi abundante, em especial no relatório, cujos principais trechos transcreve-se a seguir:

---

[68] LIMA, Rafael Scavone Bellem de. *A audiência pública realizada na ADI n. 3.510-0*: a organização e o aproveitamento da primeira audiência pública da história do Supremo Tribunal Federal. Orientador: Marcos Paulo Veríssimo. 2008. Monografia (Conclusão do curso) – Sociedade Brasileira de Direito Público, Escola de Formação, 2008. Disponível em: <http://www.sbdp.org.br/arquivos/monografia/125_rafael.pdf>. Acesso em: 10 mar. 2011.

[69] LIMA, Rafael Scavone Bellem de. *A audiência pública realizada na ADI n. 3.510-0*: a organização e o aproveitamento da primeira audiência pública da história do Supremo Tribunal Federal. Orientador: Marcos Paulo Veríssimo. 2008. Monografia (Conclusão do curso) – Sociedade Brasileira de Direito Público, Escola de Formação, 2008. Disponível em: <http://www.sbdp.org.br/arquivos/monografia/125_rafael.pdf>. Acesso em: 10 mar. 2011.

RELATÓRIO DO ACÓRDÃO (trecho que menciona a audiência)

'7. Não é tudo. Convencido de que a matéria centralmente versada nesta ação direta de inconstitucionalidade é de tal relevância social que passa a dizer respeito a toda a humanidade, *determinei a realização de audiência pública, esse notável mecanismo constitucional de democracia direta ou participativa.* O que fiz por provocação do mesmíssimo professor Cláudio Fonteles e com base no §1º do artigo 9º da Lei n. 9.868/99, mesmo sabendo que se tratava de experiência inédita em toda a trajetória deste Supremo Tribunal Federal. Dando-se que, no dia e local adrede marcados, 22 (vinte e duas) das mais acatadas autoridades científicas brasileiras subiram à tribuna para discorrer sobre os temas agitados nas peças jurídicas de origem e desenvolvimento da ação constitucional que nos cabe julgar. Do que foi lavrada a extensa ata de fls., devidamente reproduzida para o conhecimento dos senhores ministros desta nossa Corte Constitucional e Suprema Instância Judiciária. Reprodução que se fez acompanhar da gravação de sons e imagens de todo o desenrolar da audiência, cuja duração foi em torno de 8 horas'. (grifos nossos)

Após justificar a adoção da audiência pública, o relator passa a se referir ao teor produzido por essa audiência, fixando as duas correntes que foram expostas, primeiro a que defendeu pontos que se encontram com a tese ventilada na petição inicial da ADIn:

8. Pois bem, da reprodução gráfica, auditiva e visual dessa tão alongada quanto substanciosa audiência pública, o que afinal se percebe é a configuração de duas nítidas correntes de opinião. Correntes que assim me parecem delineadas:

I – uma, deixando de reconhecer às células-tronco embrionárias virtualidades, ao menos para fins de terapia humana, superiores às das células-tronco adultas. Mesma corrente que atribui ao embrião uma progressiva função de autoconstitutividade que o torna protagonista central do seu processo de hominização, se comparado com o útero feminino (cujo papel é de coadjuvante, na condição de *habitat*, ninho ou ambiente daquele, além de fonte supridora de alimento). Argumentando, sobremais, que a retirada das células-tronco de um determinado embrião *in vitro* destrói a unidade, o personalizado conjunto celular em que ele consiste. O que já corresponde à prática de um mal disfarçado aborto, pois até mesmo no produto da concepção em laboratório já existe uma criatura ou organismo humano que é de ser visto como se fosse aquele que surge e se desenvolve no corpo da mulher gestante. (...)

A segunda corrente mencionada buscou a defesa fática da constitucionalidade do dispositivo questionado na ADIn, realçando sua necessidade dentre a situação fática apresentada:

II – a outra corrente de opinião é a que investe, entusiasticamente, nos experimentos científicos com células-tronco extraídas ou retiradas de embriões humanos. Células tidas como de maior plasticidade ou superior versatilidade para se transformar em todos ou quase todos os tecidos humanos, substituindo-os ou regenerando-os nos respectivos órgãos e sistemas. Espécie de apogeu da investigação biológica e da terapia humana, descortinando um futuro de intenso brilho para os justos anseios de qualidade e duração da vida humana. Bloco de pensamento que não padece de dores morais ou de incômodos de consciência, porque, para ele, o embrião *in vitro* é uma realidade do mundo do ser, algo vivo, sim, que se põe como o lógico início da vida humana, mas nem em tudo e por tudo igual ao embrião que irrompe e evolui nas entranhas de uma mulher. Sendo que mesmo a evolução desse último tipo de embrião ou zigoto para o estado de feto somente alcança a dimensão das incipientes características físicas e neurais da pessoa humana com a meticulosa colaboração do útero e do tempo. Não no instante puro e simples da concepção, abruptamente, mas por uma engenhosa metamorfose ou laboriosa parceria do embrião, do útero e do correr dos dias. O útero passando a liderar todo o complexo processo de gradual conformação de uma nova individualidade antropomórfica, com seus desdobramentos ético espirituais; valendo-se ele, útero feminino (é a Leitura que faço nas entrelinhas das explanações em foco), de sua tão mais antiga quanto insondável experiência afetivo-racional com o cérebro da gestante. Quiçá com o próprio cosmo, que subjacente à cientificidade das observações acerca do papel de liderança do útero materno transparece como que uma aura de exaltação da mulher – e principalmente da mulher-mãe ou em vias de sê-lo – como portadora de um sexto sentido existencial já situado nos domínios do inefável ou do indizível. Domínios que a própria Ciência parece condenada a nem confirmar, nem desconfirmar, porque já pertencentes àquela esfera ôntica de que o gênio de William Shakespeare procurou dar conta com a célebre sentença de que 'Entre o céu e a terra há muito mais coisa do que supõe a nossa vã filosofia' (Hamlet, anos de 1600/1601, Ato I, Cena V).

No último item do relatório, o Ministro Ayres Britto ressalta a abertura do Supremo Tribunal Federal que se revela disposto a dialogar com experts da área, já que o objeto de julgamento é multidisciplinar.

11. À derradeira, *confirmo o que já estava suposto na marcação da audiência em que este Supremo Tribunal Federal abriu suas portas para dialogar com cientistas não pertencentes à área jurídica: o tema central da presente ADIn é salientemente multidisciplinar*, na medida em que objeto de estudo de numerosos setores do saber humano formal, como o Direito, a filosofia, a religião, a ética, a antropologia e as ciências médicas e biológicas, notadamente a genética e a embriologia; suscitando, vimos, debates tão subjetivamente empenhados quanto objetivamente valiosos,

porém de conclusões descoincidentes não só de um para outro ramo de conhecimento como no próprio interior de cada um deles. Mas debates vocalizados, registre-se, em arejada atmosfera de urbanidade *e uníssono reconhecimento da intrínseca dignidade da vida em qualquer dos seus estádios*. Inequívoca demonstração da unidade de formação humanitária de todos quantos acorreram ao chamamento deste Supremo Tribunal Federal para colaborar na prolação de um julgado que, seja qual for o seu conteúdo, se revestirá de caráter histórico. Isto pela envergadura multiplamente constitucional do tema e seu mais vivo interesse pelos meios científicos de todo o mundo, desde 1998, ano em que a equipe do biólogo norte-americano James Thomson isolou pela primeira vez células-tronco embrionárias, conseguindo cultivá-las em laboratório. (grifos nossos).

Diante do pedido de vista do Ministro Menezes Direito, a Ministra Ellen Gracie adiantou seu voto de maneira excessivamente sucinta, votou em quatro páginas, dispondo no início sua posição quanto à audiência pública:

Conforme visto, ficou sobejamente demonstrada a existência, nas diferentes áreas do saber, de numerosos entendimentos, tão respeitáveis quanto antagônicos, no que se refere à especificação do momento exato do surgimento da pessoa humana.

Buscaram neste Tribunal, a meu ver, respostas que nem mesmo os constituintes originário e reformador propuseram-se a dar. Não há, por certo, uma definição constitucional do momento inicial da vida humana e *não é papel desta Suprema Corte estabelecer conceitos que já não estejam explícita ou implicitamente plasmados na Constituição Federal. Não somos uma Academia de Ciências. A introdução no ordenamento jurídico pátrio de qualquer dos vários marcos propostos pela Ciência deverá ser um exclusivo exercício de opção legislativa, passível, obviamente, de controle quanto a sua conformidade com a Carta de 1988.* (grifos nossos).

Em seu voto, demonstrou que embora tenha considerado louvável a realização de audiência pública no Supremo Tribunal Federal (*vide* comentários sobre a abertura da audiência pública), se preocupou com o papel da Corte, frisando que essa não é uma Academia de Ciências e que sua atividade deve se ater ao conteúdo da Constituição Federal.

No voto do Ministro Menezes Direito também é possível constatar algumas menções à audiência pública e, embora seu conteúdo tenha sido essencialmente fático, ou seja, mais da metade de seu voto foi composto por razões fáticas, seu material de apoio e suas citações foram essencialmente da literatura especializada. Embora, como mencionou

Rafael Scavone Bellem Lima,[70] o Ministro Menezes Direito se reuniu com especialistas que participaram da audiência pública solicitando mais informações:

> Não é, porém, o que sugere, no meu entendimento, o empenho do Ministro Carlos Alberto Menezes Direito em se reunir, durante o período em que pediu vista dos autos, com alguns dos especialistas que participaram da audiência, para colher esclarecimentos técnicos, como relatam Cláudia Maria de Castro Batista, Lygia Pereira e Stevens Rehen.

No voto da Ministra Cármen Lúcia há menções à audiência pública e sobre sua visão deste instituto, iniciou com o realce do grande, necessário, positivo e muito democrático debate havido na sociedade sobre a matéria discutida nesta ação, e mais:

> Por isso é que enfatizo que as manifestações sobre as ideias relativas à questão do uso das células-tronco embrionárias em pesquisa são legítimas e desejáveis. Afinal, pesquisa científica diz com a vida, com a dignidade da vida, com a saúde, com a liberdade de pesquisar, de se informar, de ser informado, de consentir, ou não, com os procedimentos a partir dos resultados obtidos com as pesquisas. Logo, diz respeito diretamente a todos e todos têm o legítimo e democrático interesse e direito de se manifestar.

Em seu voto, a Ministra Cármen Lúcia também revelou sua preocupação com possíveis excessos nas audiências públicas, podendo afastar o julgador, em especial, o julgador do Supremo Tribunal Federal que deve pautar-se pela Constituição e se ater ao caso, promovendo sua decisão de forma imparcial:

> Entretanto, as manifestações, dotadas – repito – de profunda, legítima e compreensível emoção a envolver o tema e as suas consequências sociais, não alteram, não desviam – nem poderiam – o compromisso do juiz do seu dever de se ater à ordem constitucional vigente e de atuar no sentido de fazê-la prevalecer.
>
> Aqui, a Constituição é a minha bíblia, o Brasil, minha única religião. Juiz, no foro, cultua o Direito. Como diria Pontes de Miranda, assim é

---

[70] LIMA, Rafael Scavone Bellem de. *A audiência pública realizada na ADI n. 3.510-0*: a organização e o aproveitamento da primeira audiência pública da história do Supremo Tribunal Federal. Orientador: Marcos Paulo Veríssimo. 2008. Monografia (Conclusão do curso) – Sociedade Brasileira de Direito Público, Escola de Formação, 2008. Disponível em: <http://www.sbdp.org.br/arquivos/monografia/125_rafael.pdf>. Acesso em: 10 mar. 2011.

porque o Direito assim quer e determina. O Estado é laico, a sociedade é plural, a ciência é neutra e o direito imparcial. Por isso, como todo juiz, tenho de me ater ao que é o núcleo da indagação constitucional posto neste caso: a liberdade, que se há de ter por válida, ou não, e que foi garantida pela Lei questionada, de pesquisa e terapia com células-tronco embrionárias, nos termos do artigo 5º, da Lei n. 11.050/2005.

O Ministro Eros Grau, ao se referir ao debate, realçou o cuidado com as posições apresentadas em audiência pública:

> Forças sociais manifestaram-se intensamente – de modo mesmo impertinente, algumas delas – em relação à matéria objeto da presente ação direta de inconstitucionalidade.

> Estou convencido de que, ao contrário do que se afirmou mais de uma vez, o debate instalado ao redor do que dispõe a Lei n. 11.105 não opõe ciência e religião, porém religião e religião. Alguns dos que assumem o lugar de quem fala e diz pela Ciência são portadores de mais certezas do que os líderes religiosos mais conspícuos. Portam-se, alguns deles, com arrogância que nega a própria Ciência, como que supondo que todos, inclusive os que cá estão, fossemos parvos. *Como todas as academias de ciência são favoráveis às pesquisas de que ora se cuida, já está decidido. Nada mais teríamos nós a deliberar. Mesmo porque, a imaginar que as impedíssemos, estaríamos a opor obstáculo à cura imediata de doenças. A promessa é de que, declarada a constitucionalidade dos preceitos ora sindicados, algumas semanas ou meses após todas as curas serão logradas. Típica indução a erro mediante artifício retórico.* (grifos nossos).

No voto do Ministro Joaquim Barbosa, logo no início, constata-se a menção aos debates:

> *Como ficou demonstrado nos autos e nos debates, nem mesmo a ciência está apta a afirmar, com precisão, o momento exato em que a vida se inicia ou, ainda, que há vida.* E creio que a eventual definição desse momento biológico, por si só, não seria suficiente para solucionar adequadamente a importante questão posta nos autos, que se restringe à possibilidade de utilização de células-tronco embrionárias em pesquisas científicas no Brasil. (grifos nossos).

Já o Ministro Cezar Peluso dedicou um capítulo de seu voto buscando a refutação dos argumentos impertinentes na Ação Direta de Inconstitucionalidade n. 3.510, no total dedicou nove páginas refutando os argumentos que julgou impertinentes, se referindo essencialmente à audiência pública.

O Ministro Marco Aurélio comentou a pesquisa do Instituto Ibope sobre o pensamento da população a respeito do caso debatido no Supremo Tribunal Federal e, ainda, realçou que o resultado devia ser sopesado neste julgamento:

> *No Brasil, pesquisa efetuada em janeiro último pelo Instituto Ibope revelou o pensamento da população – e este deve ser sopesado neste julgamento.* O índice dos que se manifestaram em apoio ao uso de células-tronco embrionárias – desconsiderada a parcela dos que não opinaram – chegou a 95%. (grifos nossos).

O Ministro Celso de Mello cita a importância do caso, afirmando por diversas vezes que em todo o período que atuou diante do direito, esse era o caso de maior magnitude que se manifestava:

> *Relembrando* o saudoso Ministro LUIZ GALOTTI, *e considerando* o alto significado da decisão *a ser tomada* por esta Suprema Corte, *tenho presente* a grave advertência, por ele então lançada, de que, *em casos emblemáticos* como este, o Supremo Tribunal Federal, *ao proferir* o seu julgamento, *poderá ser*, ele próprio *'julgado pela Nação'* (RTJ 63/299, 312). (grifos do autor).

No teor de seu voto também utiliza-se da audiência pública como um dos fundamentos de sua decisão.

O Ministro Gilmar Mendes que no julgamento ocupava a presidência do Supremo Tribunal Federal, em seu voto, mencionou por diversas vezes a audiência pública conforme se observa no trecho que transcrito a seguir:

> Senhores Ministros, cabe a mim, na qualidade de Presidente desta Corte, a difícil tarefa de votar por último, num julgamento que ficou marcado, desde seu início, pelas *profundas reflexões de todos que intervieram no debate. Os pronunciamentos dos senhores advogados, do Ministério Público, dos amici curiarum e dos diversos cientistas e expertos, assim como os votos magistrais de Vossas Excelências, fizeram desta Corte um foro de argumentação e de reflexão com eco na coletividade e nas instituições democráticas.* (grifos nossos).

O Ministro Gilmar Mendes foi ainda além e aproveitou a oportunidade para destacar seus pensamentos a respeito do pluralismo no Supremo Tribunal Federal, destacando que a Corte também pode ser uma Casa do povo:

> *O Supremo Tribunal Federal demonstra, com este julgamento, que pode, sim, ser uma Casa do povo, tal qual o Parlamento. Um lugar onde os diversos anseios*

sociais e o pluralismo político, ético e religioso encontram guarida nos debates procedimental e argumentativamente organizados em normas previamente estabelecidas. As audiências públicas, nas quais são ouvidos os expertos sobre a matéria em debate, a intervenção dos *amici curiarum,* com suas contribuições jurídica e socialmente relevantes, assim como a intervenção do Ministério Público, como representante de toda a sociedade perante o Tribunal, e das advocacias pública e privada, na defesa de seus interesses, fazem desta Corte também um espaço democrático. Um espaço aberto à reflexão e à argumentação jurídica e moral, com ampla repercussão na coletividade e nas instituições democráticas. (grifos nossos).

A primeira audiência pública da história do Supremo Tribunal Federal versou sobre temas caríssimos e polêmicos: o início da vida e as pesquisas genéticas com material humano embrionário. A grandiosidade do tema se confundiu com a magnitude da audiência pública, o desafio enfrentado pelo Supremo Tribunal Federal, em especial, pelo Ministro Carlos Ayres Britto e pela Ministra Ellen Gracie, presidente da Corte à época, é louvável para o desenvolvimento do próprio Direito.

O relator, que também foi o ministro presidente da audiência pública, enfrentou muitas barreiras para pôr em prática a sua realização, dentre as barreiras conhecidas e óbvias destaco o pioneirismo, a controvérsia a respeito do tema e a patente delicadeza que exige, a ausência de regramento e de paradigma no âmbito do próprio Tribunal e a gigantesca pluralidade de ideias.

Como vimos, para o problema do pioneirismo sobrou coragem ao relator, indicando passo a passo suas intenções, agindo com transparência e reforçando a seriedade empregada. Para a ausência do regramento regimental sobre a audiência pública, o relator adotou os dispositivos específicos da Câmara dos Deputados, mas a controvérsia do tema – ao final – colaborou para a pluralidade do debate e a delicadeza da matéria fomentou a ponte entre a sociedade civil e o Supremo Tribunal Federal.

Desafio enfrentado e não vencido foi a ausência dos ministros durante a audiência pública, como relatado acima dentre os onze ministros que estiveram presentes apenas quatro, sendo uma a presidente do Supremo Tribunal Federal, o outro o relator, e outros dois, como exposto acima, o Ministro Gilmar Mendes e Joaquim Barbosa. Fato ainda mais grave para a preservação, eficácia e prestígio da audiência pública, é o de que, além do relator, apenas um ministro acompanhou integralmente a audiência. Em que pese essa ausência, os registros da audiência podem ter substituído essa lacuna, além da transmissão ao vivo pela TV Justiça, como noticiou o ministro relator durante as realizações, afirmando que tinha a informação de que o Ministro Ricardo

Lewandowski acompanhava o desenrolar da audiência pela transmissão na cidade de São Paulo, conforme citado por Rafael Scavone Bellen Lima.[71]

QUADRO SINÓPTICO DA PRIMEIRA AUDIÊNCIA PÚBLICA

Primeira Audiência Pública no Supremo Tribunal Federal	
Tema da audiência	Constitucionalidade do artigo 5º da Lei de Biossegurança, ficou conhecida como audiência pública das células-tronco.
Processo	Ação Direta de Inconstitucionalidade n. 3.510.
Ministro convocador	Ministro Carlos Ayres Britto.
Presidente do Supremo à época	Ministra Ellen Gracie.
Data de convocação	19 de dezembro de 2006.
Data de realização	20 de abril de 2007.
Regramento	Artigos 255 ao 258 do Regimento Interno da Câmara dos Deputados.
Publicidade e divulgação	Publicação no Diário de Justiça e transmissão pela Rádio e TV Justiça, a imprensa comum também acompanhou a audiência pública.
Critério de admissão dos expositores	Foram convidados os indicados tanto pela Procuradoria Geral da República quanto pela Presidência da República e pelos *amici curiarum* admitidos.
Quantidade de pessoas que se manifestaram	22 (vinte e duas) pessoas se manifestaram.
Quantidade de pessoas que se inscreveram	O critério de admissão de expositores se restringiu aos indicados pelos interessados.
Ministros presentes	A Ministra Ellen Gracie (Presidente), o Ministro Carlos Ayres Britto (Relator), o Ministro Joaquim Barbosa e o Ministro Gilmar Mendes.
Julgamento	O julgamento da Ação Direta de Inconstitucionalidade n. 3.510 se realizou em 29 de maio de 2008, sendo julgada improcedente por maioria de votos, vencidos parcialmente em diferentes extensões, os Ministros Menezes Direito, Ricardo Lewandowski, Eros Grau, Cezar Peluso e Gilmar Mendes.

---

[71] LIMA, Rafael Scavone Bellem de. *A audiência pública realizada na ADI n. 3.510-0*: a organização e o aproveitamento da primeira audiência pública da história do Supremo Tribunal Federal. Orientador: Marcos Paulo Veríssimo. 2008. Monografia (Conclusão do curso) – Sociedade Brasileira de Direito Público, Escola de Formação, 2008. Disponível em: <http://www.sbdp.org.br/arquivos/monografia/125_rafael.pdf>. Acesso em: 10 mar. 2011.

3.3 Segunda audiência pública: Importação de pneus usados

A segunda audiência pública foi realizada nos autos da arguição de descumprimento de Preceito Fundamental n. 101 ajuizada pelo Presidente da República, que teve relatoria da Ministra Cármen Lúcia e tratou da possibilidade de importação de pneus usados. A base do pedido orbitou a seguinte questão: embora haja diversos regulamentos proibindo a importação de pneus usados, tais como, portarias do Departamento de Operações de Comércio Exterior – DECEX – e da Secretaria de Comércio Exterior – SECEX; resoluções do Conselho Nacional do Meio Ambiente – CONAMA; e decretos federais que, expressamente, vedam a importação de bens de consumo usados, referência especial aos pneus usados, por diversas decisões judiciais, apenas em 2005, foram importados doze milhões de pneus usados. Na ocasião foram indicados como preceitos violados o direito à saúde e ao meio ambiente equilibrado.

Em 9 de junho de 2008 a relatora por despacho determinou a realização de audiência pública justificando sua decisão ante a necessidade de um exame mais acurado das razões e dos fundamentos fáticos, apontando o alto número de requerimentos de *amici curiarum* (quinze petições), o que revela a repercussão social, econômica e jurídica que clama a matéria, além das diversas filigranas técnicas diante da especialização do tema.

> 5. *Faz-se mister, entretanto, exame mais acurado das razões e dos fundamentos que envolvem os diretamente interessados na matéria. O número de requerimentos de comparecimento a esta Arguição na condição de amicus curiae é demonstrativo da repercussão social, econômica e jurídica tocados pela matéria discutida nesta Arguição. Também não se há desconhecer que questões técnicas sobre a importação dos pneus e a forma de tal providência ser adotada ou afastada, nos termos da legislação vigente, impõe, para maior compreensão das questões postas, audiência de especialistas.*
>
> 6. *Por isso, determino a realização de audiência pública,* nos termos do §1º do artigo 6º da Lei n. 9.882/99, a ocorrer no dia 27 de junho de 2008, na Sala de Sessões da 1ª Turma, das 10h às 12h horas e das 14h às 16h, na forma assim designada: (...). (grifos nossos)

Convocada a audiência foi definida sua realização ao longo do dia 27 de junho de 2008, e ainda diante da ausência de regramento regimental, a relatora optou pela criação de regras específicas para o caso no próprio despacho.

Determinou que os *amici curiarum* admitidos e que manifestassem interesse em indicar especialistas para participar da audiência pública deveriam fazê-lo por correio eletrônico no prazo determinado, consignando a tese que defenderiam. Realce que a ministra optou pela criação de uma fase de habilitação, na qual os interessados, inclusive os *amici curiarum*, deveriam enviar um *e-mail* informando o representante e qual a tese defendida; entre a publicação do despacho e a divulgação do resultado da habilitação transcorreram apenas oito dias. A relação dos inscritos habilitados a participar da audiência pública foi disponibilizada no sítio oficial do STF da rede mundial de computadores. Já no despacho, a relatora estipulou que seriam quatro especialistas para ambas as teses, isto é, teses que contribuam com o sucesso ou não do pedido da ADPF e consignou que, caso houvesse mais inscritos habilitados do que as vagas que havia disponibilizado, caberia aos especialistas o consenso e, na ausência de tal acordo, seria realizado um sorteio no início da audiência pública para que cada expositor sorteado, após a palavra do arguente, se apresentasse na tribuna por no máximo 20 minutos. Apresentados os grupos, seria dada a palavra ao Procurador Geral da República também por no máximo 20 minutos, conforme se observa no trecho transcrito abaixo:

> 6.1. Os *amici curiarum* admitidos e que manifestarem interesse em indicar especialistas para participar da audiência pública deverão fazê-lo pelo endereço eletrônico <adpf101@stf.gov.br>, até o dia 20.6.2008, consignando a tese que defendem; 6.2. A relação dos inscritos habilitados a participar da audiência pública estará disponível no portal deste Supremo Tribunal Federal a partir dia 21.6.2008; 6.3. Se for grande o número de especialistas inscritos e não se chegar ao consenso entre os interessados para a escolha dos que se manifestarão sobre cada uma das teses, serão sorteados 4 representantes de cada grupo, no início da audiência pública, para que cada expositor sorteado apresente-se da tribuna por, no máximo, 20 minutos;

Quanto à documentação da audiência, além do seu teor ser reduzido a termo e anexado aos autos, a relatora solicitou que a *TV e Rádio Justiça* transmitissem o conteúdo das apresentações, facultando-o também às demais transmissoras.

> 6.6. O conteúdo das apresentações será transmitido pela TV e Rádio Justiça e pelas demais transmissoras que assim o requererem.

Como garantia do princípio da igualdade das partes em juízo e à exequibilidade da audiência pública, facultou-se a remessa dos documentos pela via eletrônica, os quais ficaram disponíveis no portal do Supremo Tribunal Federal. Determinou também a expedição de convites aos demais ministros do STF, querendo integrar a mesa e participar da audiência pública.

No decorrer, entre a publicação do despacho convocatório e a habilitação dos interessados, a Ministra Cármen Lúcia respondeu alguns questionamentos formulados e, mantendo a franca e expansiva transparência que adotou na audiência pública, divulgou-os no sítio oficial do Supremo Tribunal Federal na rede mundial de computadores. Dentre eles, merecem destaque alguns pontos do questionamento formulado pela advogada Patrícia Hernandez,[72] por esses pontos, a ministra expôs o que entendia por especialistas na área e afastou o debate jurídico durante a realização da audiência pública, prezando pela busca de respostas fáticas e não jurídicas sobre o tema cujo trecho transcrevemos a seguir:

> Expositores na audiência pública são os especialistas na matéria referente ao aproveitamento e à necessidade técnica, ou não, da importação de pneus, bem como os que têm tal comportamento como contrário a princípios ou regras constitucionais e legais, tais como os que se referem ao meio ambiente, à saúde e a todas as matérias constantes da petição inicial da ação.
>
> 3. "ESPECIALISTAS seriam: técnicos, advogados? Qual qualificação do ESPECIALISTA?"
>
> O sentido da palavra especialista é a que consta da Lei n. 9.882/99 (artigo 6º, §1º), sendo óbvio que audiência pública não é espaço nem promove o momento para sustentação oral jurídica: é a oportunidade para especialistas da área defenderem as teses de que cuida a ação.

Essa audiência teve vinte e uma inscrições, sendo ao final deferida a habilitação de apenas dez expositores representados por onze especialistas, já que a conselheira do Conselho Nacional do Meio Ambiente (CONAMA), Zuleica Nycs, dividiu o tempo com o diretor do Departamento de Negociações Internacionais do Ministério das Relações Exteriores, Evandro de Sampaio Didonet, mantendo a costumeira paridade com cinco expositores de cada uma das teses contraditórias.

---

[72] Disponível em: <http://www.stf.jus.br/arquivo/cms/processoAudienciaPublicaAdpf101/anexo/ADPF101Consulta1.htm>. Acesso em: 15 jan. 2011.

Novamente o desafio enfrentado e não superado pela Ministra Cármen Lúcia foi a ausência de seus pares; mais uma vez, a audiência pública contou apenas com alguns ministros, nesse caso compareceram os Ministros Carlos Ayres Britto e Ricardo Lewandowski, além do Presidente do Supremo Tribunal Federal à época, Ministro Gilmar Mendes, que abriu a sessão, mas logo em seguida passou a presidência dos trabalhos à ministra relatora.

A Arguição de Descumprimento de Preceito Fundamental n. 101 foi julgada em 24 de junho de 2009 parcialmente procedente sendo vencido o Ministro Marco Aurélio que a considerou improcedente.

Foi uma audiência pública pouco divulgada pela mídia não especializada, pode-se dizer que das cinco audiências realizadas foi a que menos alcançou a sociedade civil, fato que pode ser atribuído a dois principais fatores:

a) Pouco tempo entre a convocação e sua realização

Entre a publicação, no Diário de Justiça Eletrônico do Supremo Tribunal Federal, do despacho que convocou a audiência pública e sua realização transcorreram apenas quinze dias. O que certamente prejudicou sua divulgação pela imprensa comum e por isso não adentrou no seio da sociedade civil, assim não se transformou em tema de corriqueiro debate entre as pessoas não especializadas ou preocupada com a questão ambiental.

b) Tema demasiadamente importante, mas não de preocupação tão comum e direta como o direito a vida, a saúde ou igualdade

As outras audiências públicas realizadas trataram de temas altamente polêmicos e delicados que orbitaram núcleos de direitos fundamentais que interessam a todos, como a vida, a saúde ou a igualdade. O interesse na ADPF n. 101 é um interesse típico de uma parcela especializada da sociedade, seja por convicções ambientais ou mercadológicas, pois o mercado envolvido é voraz e não poupa esforços para buscar decisões favoráveis, existindo, provavelmente, forte pressão, mas não aquela proveniente da sociedade comum não especializada.

QUADRO SINÓPTICO DA SEGUNDA AUDIÊNCIA PÚBLICA

Segunda Audiência Pública no Supremo Tribunal Federal	
Tema da audiência	Importação de pneus usados.
Processo	Arguição de Descumprimento de Preceito Fundamental n. 101.
Ministro convocador	Ministra Cármen Lúcia.
Presidente do Supremo à época	Ministro Gilmar Mendes.
Data de convocação	9 de junho de 2008.
Data de realização	27 de junho de 2008.
Regramento	Não adotou nenhum regramento específico, preferiu editar regras no próprio despacho como, por exemplo, fixando número máximo de participantes, período de manifestação, etc.
Publicidade e divulgação	Publicação no Diário de Justiça e transmissão pela Rádio e TV Justiça, desta vez, no próprio despacho convocatório determinou essa transmissão e também franqueou acesso a toda imprensa.
Critério de admissão dos expositores	Fixou data para que os *amici curiarum* e demais interessados solicitassem participação na audiência consignando suas teses. Criou uma fase de habilitação e, como não houve consenso entre os participantes, realizou sorteio entre os habilitados.
Quantidade de pessoas que se manifestaram	11 (onze) especialistas se manifestaram, embora tenha sido deferida a habilitação de apenas dez expositores, mantendo a paridade. Essa diferença é explicada pela divisão do tempo entre a conselheira do Conselho Nacional do Meio Ambiente (CONAMA), o diretor do Departamento de Negociações Internacionais do Ministério das Relações Exteriores.
Quantidade de pessoas que se inscreveram	21 (vinte e uma) pessoas se inscreveram para participar.
Ministros presentes	O Ministro Gilmar Mendes (Presidente), a Min. Cármen Lúcia (Relatora), o Ministro Ricardo Lewandowski e o Ministro Carlo Ayres Britto.
Julgamento	A Arguição de Descumprimento de Preceito Fundamental n. 101 foi julgada em 24 de junho de 2009 parcialmente procedente sendo vencido o Ministro Marco Aurélio que a considerou improcedente.

3.4 Terceira audiência pública: Interrupção da gravidez de fetos anencéfalos

A terceira audiência pública realizada pelo Supremo Tribunal Federal tratou de outro tema polêmico relativo à vida cujo núcleo da discussão residia na possibilidade de interrupção da gravidez de fetos anencéfalos. Essa audiência pública foi realizada nos autos da Arguição de Descumprimento de Preceito Fundamental n. 54 distribuída em 17 de julho de 2004 sob a relatoria do Ministro Marco Aurélio. A arguente, Confederação Nacional dos Trabalhadores na Saúde (CNTS), apontou como violados os artigos 1º, IV (dignidade da pessoa humana); 5º, II (princípio da legalidade, liberdade e autonomia da vontade); 6º, *caput*, e 196 (direito à saúde) todos da Constituição Federal pelos artigos 124, 126 e 128, incisos I e II, do Código Penal – Decreto-lei n. 2.848/40.

O pedido da ação consiste na viabilização da atuação médica interruptiva da gravidez nos casos de fetos anencéfalos afastando a possibilidade de incidência dos dispositivos penais correspondentes ao aborto perante a atuação dos profissionais da área de saúde nesse peculiar procedimento.

Embora essa tenha sido a terceira audiência pública realizada pelo Supremo Tribunal Federal foi nesse processo que ocorreu o primeiro despacho convocador dessa espécie de audiência naquela Corte. O relator por meio do despacho de 28 de setembro de 2004 convocou essa audiência pública submetendo ao plenário para designação de data após a análise da admissibilidade da referida arguição de descumprimento de preceito fundamental, mas apenas em 31 de julho de 2008, vale frisar – mais de um ano após a primeira audiência pública realizada no Supremo e quase 4 anos da convocação – o relator ratificou seu despacho e agendou as audiências para quatro dias: dia 26 e 28 de agosto e 14 e 16 de setembro de 2008.

Pelo trecho do despacho abaixo transcrito, constata-se que diferente do Ministro Carlos Ayres Britto na ocasião da presidência da primeira audiência pública naquela Corte o Ministro Marco Aurélio preferiu não adotar o regimento interno da Câmara dos Deputados, assim, mesmo diante da omissão regimental convocou a audiência optando por elaborar regramento próprio destinando os dias e horários de sua realização, bem como, o tempo máximo atribuído a cada expositor.

> *Procurador Geral da República*, Dr. Cláudio Fonteles, *requereu a realização de audiência pública, indicando rol de professores a serem ouvidos*, dos quais ficaria dispensada a intimação (folha 270). O citado Procurador

requereu a juntada de documentos. Aberta vista à arguente, esta ressaltou a neutralidade das peças (folhas 275 e 284). À folha 286 a 500, está a documentação do incidente suscitado, com o acórdão relativo à concepção do Plenário.

2. Encontrando-se saneado o processo, *devem ocorrer audiências públicas para ouvir entidades e técnicos não só quanto à matéria de fundo, mas também no tocante a conhecimentos específicos a extravasarem os limites do próprio Direito.* Antes mesmo de a Procuradoria Geral da República vir a preconizar a realização, havia consignado, na decisão de 28 de setembro de 2004, a conveniência de implementá-las. Eis o trecho respectivo (folha 241):

'Então, tenho como oportuno ouvir, em audiência pública, não só as entidades que requereram a admissão no processo como *amicus curiae*, a saber:

Conferência Nacional dos Bispos do Brasil, Católicas pelo Direito de Decidir, Associação Nacional Pró-vida e Pró-família e Associação de Desenvolvimento da Família, como também as seguintes entidades:

Federação Brasileira de Ginecologia e Obstetrícia, Sociedade Brasileira de Genética Clínica, Sociedade Brasileira de Medicina Fetal, Conselho Federal de Medicina, Rede Nacional Feminista de Saúde, Direitos Sociais e Direitos Representativos, Escola de Gente, Igreja Universal, Instituto de Biotécnica, Direitos Humanos e Gênero bem como o hoje deputado federal José Aristodemo Pinotti, este último em razão da especialização em pediatria, ginecologia, cirurgia e obstetrícia e na qualidade de ex-Reitor da Unicamp, onde fundou e presidiu o Centro de Pesquisas Materno-Infantis de Campinas – CEMICAMP'.

Já agora incluo, no rol de entidades, a Sociedade brasileira para o Progresso da Ciência – SBPC.

Visando à racionalização dos trabalhos, delimito o tempo de quinze minutos para cada exposição – viabilizada a juntada de memoriais – e designo as seguintes datas das audiências públicas, que serão realizadas no horário matutino, a partir das 9h: (...). (grifos nossos).

Embora não tenha adotado o regramento da Câmara dos Deputados e sim optado pela criação de regras sobre o desenvolvimento dessa audiência pública à semelhança da Ministra Cármen Lúcia na segunda audiência pública realizada no Supremo seu regramento se revelou muito mais simples, pois não adotou a fase de habilitação como ocorreu na segunda audiência.

Como se constata no trecho transcrito acima o Ministro Marco Aurélio aceitou as indicações formuladas pelo Procurador Geral da República e convidou os *amici curiarum* a indicarem representantes para exposição em audiência pública somando a eles mais algumas entidades e experts que solicitaram sua participação.

Na abertura da audiência pública o Ministro Gilmar Mendes, presidente do Supremo Tribunal Federal à época, estava presente e, seguindo o Regimento Interno da Corte – em especial seu artigo 148[73] – o Ministro Marco Aurélio embora, relator e autoridade convocadora daquela audiência pública, passou a sua presidência ao Ministro Gilmar Mendes que teve oportunidade de se manifestar sobre esse instrumento, realçando a produção de diálogo e a abertura do Supremo Tribunal Federal concedida a comunidade científica e civil. Após sua manifestação, esteve presente por certo período, mas declinou da presidência daquela sessão, devolvendo esse encargo ao Ministro Relator Marco Aurélio:

> Gostaria de apenas fazer o registro, eminente Ministro-Relator, Ministro Marco Aurélio, senhoras e senhores presentes, da importância deste instrumento previsto nas Leis n.s 9.868 e 9.882, que permite este diálogo particular e esta abertura na interlocução do Supremo Tribunal Federal com a comunidade científica e com a sociedade como um todo.
>
> Esta é a terceira Audiência pública que o Supremo Tribunal Federal realiza no contexto das Leis n. 9.868 e n. 9.882.
>
> A primeira delas deu-se no âmbito da Lei de Biossegurança, naquela referida ação direta de inconstitucionalidade de que todos conhecida.
>
> Agora, estamos a realizar a segunda Audiência pública neste tema de magna relevância para dirimir sensíveis dúvidas, controvérsias do ponto de vista científico, ético e religioso.
>
> Passo a Presidência dos trabalhos ao eminente Relator desta ação de arguição de descumprimento de preceito fundamental, um outro instrumento também cuja relevância não cansamos de destacar e que vem servindo de instrumento subsidiário para trazer ao Supremo Tribunal Federal questões que de outro modo não chegariam à Corte.

Ainda neste pronunciamento de abertura o presidente do STF, Ministro Gilmar Mendes, compara a questão a ser discutida na Audiência Pública n. 3 declarando que é idêntica a outras matérias apresentadas à Corte, porém, postas por meio de *habeas corpus*, e por isso não poderia utilizar-se da audiência pública, como se observa no trecho abaixo:

---

[73] "Art. 148. Nas sessões das Turmas, o Presidente tem assento à mesa, na parte central, ficando o Procurador Geral à sua direita. Os demais Ministros sentar-se-ão, pela ordem decrescente de antiguidade, alternadamente, nos lugares laterais, a começar pela direita. Parágrafo único. Quando o Presidente do Tribunal comparecer à sessão de Turma para julgar processo a que estiver vinculado, ou do qual houver pedido vista, assumir-lhe-á a presidência pelo tempo correspondente ao julgamento."

Neste caso específico, o Ministro Marco Aurélio há de se lembrar o *tema que inicialmente foi agitado no Supremo Tribunal Federal em um habeas corpus, mas, por razões específicas, era impossível de o Tribunal nele se manifestar por conta das limitações já temporais que o tema aqui envolve.* De modo que somente este instrumento possibilitou à Corte se debruçar com o cuidado, com a serenidade e com a necessária cautela, que permite esta prova, e que somente esta ação de arguição de descumprimento permitiu esse desenvolvimento necessário e cauteloso que estamos tendo, graças também às mãos seguras do eminente Relator Ministro Marco Aurélio. (grifos nossos).

Após o pronunciamento, o presidente do Supremo devolveu a presidência dos trabalhos ao ministro relator que conduziu a audiência pública. Em seu pronunciamento informou a intenção de documentar a audiência pública e apontou qual a natureza que atribuía à audiência pública, no caso, um instrumento de convicção:

> *O que formalizado nesta audiência pública formará apenso que estará junto ao processo* revelador da arguição de descumprimento de preceito fundamental, para consulta pelos integrantes da Corte.
>
> É nossa ideia também, lançando mão do serviço técnico do Tribunal, encaminhar a cada integrante do Supremo Tribunal Federal, para domínio maior da matéria, *um DVD contendo as exposições que teremos a satisfação de ouvir, de presenciar.* (...)
>
> Costumo dizer que, sem fato, não há julgamento e aquele que personifica o Estado-Juiz há de defrontar-se com conjunto de elementos objetivando formar o respectivo convencimento sobre a controvérsia. *Visamos, com esta Audiência pública, que se desdobrará de início em três dias, colher esses dados de convicção.* (grifos nossos).

No decorrer dessa audiência pública foram ouvidas vinte pessoas sendo preservada a paridade de opiniões em prol do equilíbrio da audiência. Portanto, agendou-se a exposição de dez experts que com base nas teses fundamentadas em sua expertise se revelaram favoráveis e outros dez contra a procedência da ADPF sendo concedido quinze minutos para cada expositor.

Logo no início da audiência pública o ministro relator informou a todos sobre a gravação de todo o ocorrido em DVD e seu encaminhamento posterior a cada ministro, realçando a preocupação e justificação do ministro relator prevendo que os ministros não presenciariam a audiência pública, como de fato ocorreu, tendo comparecido durante o desenrolar da audiência pública os Ministros Gilmar Mendes e Menezes Direito.

O desenrolar dessa audiência pública assumiu características da informalidade, transcorrendo com poucas intervenções e sendo facultado perguntas ao Ministério Público e ao advogado representante da arguente. Aliás, pelo trecho transcrito abaixo, que corresponde a parte do pronunciamento de encerramento dessa audiência pública fica claro seu informalismo e espontaneidade.

Antes de encerrar a Audiência pública, *desejo registrar que ela foi norteada, acima de tudo, pela espontaneidade e liberdade em seu sentido maior.*

Tudo o que veiculado integrará o processo, mediante notas taquigráficas, memoriais e DVD.

Agradeço aos expositores indistintamente, pouco importando o convencimento exteriorizado, como já ressaltado pelo Doutor Luís Roberto Barroso, presente a honestidade e disciplina intelectuais.

Remeteremos posteriormente a cada qual o DVD, que espero que contenha índice que permita acessar, com facilidade maior, as faixas e as exposições feitas. (...)

Estando o processo aparelhado com essas peças a que me referi, teremos a fase das alegações finais e, posteriormente, as manifestações da Advocacia Geral da União e do Ministério Público, para que então possa, *com base em elementos – e sem elementos não há julgamento, não se julga –, confeccionar o relatório e o voto e pedir dia para o pregão – inserção do processo em pauta – no Plenário da Corte.*

Declaro encerrada a Sessão.

Mais uma vez, meu agradecimento, inclusive, àqueles que acorreram para assistir ao que tratado nesta Audiência pública, e tratado, com toda certeza, com muita mestria. Muito obrigado a todos. (grifos nossos).

A audiência pública foi presidida na maior parte pelo Ministro Marco Aurélio e, pontualmente e em poucos momentos, pelo Ministro Gilmar Mendes, pois – como já foi mencionado – por força do Regimento Interno do Supremo Tribunal Federal assumiu a presidência dos trabalhos mas brevemente, apenas fez um pronunciamento de abertura da sessão e nas outras vezes que esteve presente declinou da tarefa, devolvendo-a ao ministro relator.

Em que pese a polêmica e a delicadeza que permeiam os temas que orbitam o direito à vida, e em especial, esta que assume aspectos que adentram fortemente em convicções religiosas e sociológicas, o transcorrer dessa audiência foi elogiável do ponto de vista da tranquilidade da condução dos trabalhos e de seu informalismo e espontaneidade, facultando a participação dos técnicos envolvidos na causa, destinando espaço para o advogado e Ministério Público esclarecer mais dúvidas a respeito dos depoimentos e do tema. O clima de tranquilidade e leveza contrastou com a polêmica e tensão inerentes ao tema e permitiu a produção de farto material que, provavelmente, contribuirá para a decisão dos ministros.

Embora essa audiência pública tenha trazido grande gama de fundamentos para cada tese oposta e a sociedade civil, seja por intermédio da mídia especializada, seja da comum, acompanhou intensamente os debates até o presente momento,[74] seu julgamento não ocorreu.

QUADRO SINÓPTICO DA TERCEIRA AUDIÊNCIA PÚBLICA

Terceira audiência pública no Supremo Tribunal Federal	
Tema da audiência	Interrupção da gravidez de fetos anencéfalos.
Processo	Arguição de Descumprimento de Preceito Fundamental n. 54.
Ministro convocador	Ministro Marco Aurélio.
Presidente do Supremo à época	Ministro Gilmar Mendes.
Data de convocação	28 de setembro de 2004, ratificado em 7 de agosto de 2008.
Data de realização	26 e 28 de agosto, 4 e 16 de setembro de 2008.
Regramento	Não adotou nenhum regramento específico, utilizou-se de recursos das audiências comuns, facultando perguntas ao advogado da arguente e procurador do arguido, além daquelas feitas por ele mesmo.
Publicidade e divulgação	Publicou no Diário de Justiça e transmitiu pela Rádio e TV Justiça e também franqueou acesso a toda imprensa.
Critério de admissão dos expositores	Foram convidados os indicados pela Procuradoria Geral da República, pelos *amici curiarum* admitidos e algumas entidades e expertos que solicitaram sua participação.
Quantidade de pessoas que se manifestaram	20 (vinte) pessoas se manifestaram.
Julgamento	Os autos ficaram em conclusão com o relator desde 9 de julho de 2009, retornando apenas em 27 de fevereiro de 2011 com o relatório e voto (não disponível até 20 de março de 2011) e solicitação de inclusão na pauta para julgamento.

---

[74] 31 de dezembro de 2011.

3.5 Quarta audiência pública: Ações de prestação de saúde

Como mencionado no capítulo que tratou do regime jurídico da audiência pública no Supremo após a realização da terceira audiência pública o STF supriu a ausência de normas regimentais editando a Emenda Regimental n. 29 no dia 18 de fevereiro de 2009 que trouxe regras para a realização das audiências públicas. Essa emenda, como já relatado antes, ampliou e modificou o regime jurídico da audiência pública e incluiu o presidente do Supremo Tribunal Federal como um dos legitimados a convocar essa espécie de audiência além do relator do processo que já estava previsto na legislação correlata. Além disso, como consta no capítulo mencionado, essa emenda estendeu a todas espécies de processo, isto é, além das ações diretas de inconstitucionalidade por ação ou omissão, ações declaratória de constitucionalidade e arguições de descumprimento de preceito fundamental cabíveis inicialmente por força da legislação, todas as espécies de processo passaram a ter a possibilidade de convocar audiência pública para ouvir o depoimento de pessoas com experiência e autoridade em determinada matéria, em suma: sempre que entender necessário o esclarecimento de questões ou circunstâncias de fato, com repercussão geral e de interesse público relevante, podem ser convocadas as audiências, desde que o processo esteja no âmbito do Supremo Tribunal Federal.

Essa mudança no regime jurídico permitiu a realização da quarta audiência na história do Supremo Tribunal Federal. Sua convocação partiu, pela primeira vez, da presidência do STF que optou por ouvir experts sobre tema extremamente amplo naquela que ficou conhecida como audiência pública da saúde. Além de utilizar a inovação regimental para que essa audiência fosse convocada pelo presidente do Supremo, e não o relator do processo, outra novidade posta em prática residiu nos processos que fundamentaram sua convocação já que não se tratou de nenhuma espécie autorizada pela Lei, tendo sua convocação ocorrida por força de agravos regimentais, suspensão de tutela antecipada e suspensão de segurança.

O despacho convocatório deu-se em 5 de março de 2009 e foi fundamentado no regimento interno do Supremo Tribunal Federal atualizado com a Emenda Regimental n. 29. A ambição dessa audiência é revelada desde o despacho convocatório, que se transcreve abaixo:

> CONVOCA: Audiência pública para ouvir o depoimento de pessoas com experiência e autoridade em matéria de Sistema Único de Saúde, *objetivando esclarecer as questões técnicas, científicas, administrativas,*

políticas, econômicas e jurídicas relativas às ações de prestação de saúde, tais como:

1) Responsabilidade dos entes da federação em matéria de direito à saúde;

2) Obrigação do Estado de fornecer prestação de saúde prescrita por médico não pertencente ao quadro do SUS ou sem que o pedido tenha sido feito previamente à Administração Pública;

3) Obrigação do Estado de custear prestações de saúde não abrangidas pelas políticas públicas existentes;

4) Obrigação do Estado de disponibilizar medicamentos ou tratamentos experimentais não registrados na ANVISA ou não aconselhados pelos Protocolos Clínicos do SUS;

5) Obrigação do Estado de fornecer medicamento não licitado e não previsto nas listas do SUS;

6) Fraudes ao Sistema Único de Saúde. (grifos nossos).

Nesse despacho é possível situar a finalidade que o ministro presidente atribuiu a essa audiência, isto é, com ela pretende-se o esclarecimento de questões técnicas, científicas, administrativa, políticas, econômicas e jurídicas relativas às ações de prestação de saúde, elencando ao final seis grandes indagações norteadoras do trabalho a ser desenvolvido em audiência pública.

O presidente do Supremo Tribunal Federal, a exemplo da Ministra Cármen Lúcia, adotou a fase de habilitação, mas não previu o número de participantes, franqueando aos interessados que manifestassem seu interesse em participar da audiência pública, consignando os pontos que pretendiam defender e o nome do representante que faria a exposição caso fosse habilitado ao final do despacho convocatório e indicou uma relação com treze órgãos ou autoridades que seriam convidadas a participar, além de todos os ministros que compunham o Supremo Tribunal Federal à época:

> Os interessados deverão requerer sua participação na audiência pública até o dia 3.4.2009, pelo endereço eletrônico *<audienciapublicasaude@stf.jus.br>*, devendo, para tanto, consignar os pontos que pretendem defender e indicar o nome de seu representante.
>
> A relação dos inscritos habilitados a participar da audiência pública estará disponível no portal deste Supremo Tribunal Federal a partir de 13.4.2009.
>
> Quaisquer documentos referentes à audiência pública poderão ser encaminhados pela via impressa ou eletrônica, para o endereço *<audienciapublicasaude@stf.jus.br>*. (grifos nossos)

Entre o despacho convocatório de 5 de março de 2009 e o prazo para inscrição, foi concedido um intervalo de trinta dias, sendo revelado os habilitados a partir do décimo dia após o fim do prazo para as inscrições; outro prazo que vale menção foi o intervalo entre a divulgação dos habilitados e o primeiro dia da audiência pública, num total de quatorze dias. A menção a esses prazos é necessária para a aferição de sua adequação perante a questão, o que parece que foi atendido, já que entre a convocação e os demais atos adotou-se prazo razoável, em torno de quinze dias, facilitando o ingresso e divulgação a quaisquer interessados.

Além disso, vale comentários a respeito da seção criada no sítio oficial do Supremo Tribunal Federal na rede mundial de computadores denominada "perguntas frequentes",[75] contendo diversas informações à sociedade, dentre elas, como elaborar o requerimento de participação como expositor na audiência pública. Dado o pioneirismo dessa prévia instrução para formalizar o requerimento, transcrevemos abaixo:

> 5) O que deve constar no requerimento?
>
> Os interessados deverão indicar o nome da entidade que representam (explicitando a pertinência entre suas finalidades e a matéria em debate), o currículo do especialista a ser ouvido (justificando sua autoridade na matéria) e o resumo fundamentado da tese (apontando a controvérsia existente e especificando a posição que defende).

Além dessa seção de "perguntas frequentes", merece destaque a reafirmação de que, independente de qualquer requisito ou habilitação, franqueou-se por um canal direto ao Supremo Tribunal Federal o envio de documentos úteis.

> 6) *É possível enviar sugestões?*
>
> Qualquer pessoa ou entidade, independentemente de inscrição, poderá encaminhar documentos úteis ao esclarecimento das questões a serem debatidas na audiência pública, pela via impressa ou eletrônica, para o endereço *<audienciapublicasaude@stf.jus.br>*. (grifos nossos)

A audiência pública foi dirigida pelo ministro que a convocou, nesse caso, o Ministro Gilmar Mendes que à época era presidente do Supremo Tribunal Federal e que na abertura dos trabalhos destacou

---

[75] Disponível em: <http://www.stf.jus.br/portal/cms/verTexto.asp?servico=processoAudiencia PublicaSaude&pagina=perguntas>. Acesso em: 1º mar. 2011.

a dificuldade e a metodologia para selecionar os habilitados a se manifestarem nessa audiência, expondo os critérios que adotou para proceder a seleção, quais sejam: a representatividade da associação ou entidade requerente, a originalidade da tese proposta e o currículo do especialista indicado. A seguir o trecho correspondente.

> O grande número de pessoas que manifestaram interesse em acompanhar os trabalhos desta Audiência pública demonstra a necessidade de discutirmos esses dilemas.
>
> *Recebemos na Presidência mais de 140 pedidos de participação*, cada um com uma contribuição importante ao debate. Infelizmente, não é possível, por limitações temporais, atender a todos.
>
> *Procuramos, ao definir a lista de habilitados, contemplar todos os envolvidos: os magistrados, os promotores de justiça, os defensores públicos, os usuários, os médicos, os doutrinadores e os gestores do sistema único de saúde. Buscamos, ainda, garantir a presença de especialistas das mais diversas regiões do país.*
>
> *Foi adotado como critério para o deferimento dos pedidos, a representatividade da associação ou entidade requerente, a originalidade da tese proposta e o currículo do especialista indicado.*
>
> No entanto, *aqueles que não forem ouvidos, poderão contribuir enviando memoriais, artigos, documentos, os quais serão disponibilizados no Portal do STF, de modo a estimular o debate.* (grifos nossos)

Ainda na abertura, o Ministro Gilmar Mendes buscou na Constituição brasileira fundamentos para a audiência pública, realçando seu caráter aberto e democrático, pretendendo fomentar o debate plural e produtivo, invocando para tanto alguns teóricos e suas teorias, conforme o trecho destacado e transcrito abaixo:

> Apesar de seu inegável caráter analítico, a Carta Política de 1988 constitui *uma ordem jurídica fundamental de um processo público livre, caracterizando-se, nos termos de Häberle,*[76] *como uma "constituição aberta", que torna possível a "sociedade aberta" de Popper,*[77] *ou uma "constituição suave" (mitte), no conceito de Zagrebelsky, "que permite, dentro dos limites constitucionais, tanto a espontaneidade da vida social como a competição para assumir a direção política, condições para a sobrevivência de uma sociedade pluralista e democrática".*[78]

---

[76] VERDÚ, Pablo Lucas. *La Constitución abierta y sus enemigos*. Madrid: Beramar, 1993.

[77] POPPER, Karl. *A sociedade aberta e seus inimigos*. 3. ed. São Paulo: Itatiaia, Universidade de São Paulo, 1987.

[78] ZAGREBELSKY, Gustavo. *El derecho dúctil. Ley, derechos, justicia*. Madrid: Trotta, 2003. p. 14.

É fundamental que ouçamos todos os pontos de vista, que nos coloquemos no lugar dos usuários do SUS, dos médicos, dos gestores, dos defensores, dos promotores de justiça e dos demais magistrados. Busquemos o diálogo e a ação conjunta.

Acredito que posições radicais que neguem completamente a ação do Poder Judiciário ou que preguem a existência de um direito subjetivo a toda e qualquer prestação de saúde não são aceitáveis.

Devemos buscar uma posição equilibrada, capaz de analisar todas as implicações das decisões judiciais, sem comprometer os direitos fundamentais dos cidadãos e, em especial, o direito à saúde.

Enfim, *espero que desta Audiência pública resultem não apenas informações técnicas, aptas a instruir os processos do Tribunal, como também subsídios para um amplo e pluralista debate público em prol do aprimoramento das políticas de saúde.* (grifos nossos)

A grandiosidade dessa audiência se revela também em sua duração, ela foi realizada em 27, 28 e 29 de abril e nos dias 4, 6 e 7 de maio de 2009, somando no total seis dias de duração com as manifestações de cinquenta expertos da área.

Foi preservada a pluralidade no debate e a isonomia entre os resultados das teses, sendo dividido, em cada tópico, expertos com visões antagônicas, buscando a paridade e manutenção do equilíbrio. A divisão dessa audiência pública é fundamental para entendermos sua magnitude e aferirmos a preocupação em não se criar uma arena para a propaganda ou para o massacre governamental.

Como mencionado acima, foram seis dias de debates sendo destinado a cada dia um dos temas. Dada a complexidade e importância de cada tema, pode-se afirmar que caberia uma audiência pública para cada um deles, mas sua reunião foi produtiva alcançando a sociedade especializada e civil e permitindo um diálogo não somente entre a sociedade e o Supremo Tribunal Federal, mas também, internamente, no seio da sociedade científica ou especializada.

Seus temas foram os seguintes:

1. O acesso às prestações de saúde no Brasil – desafios ao Poder Judiciário;
2. Responsabilidade dos entes da federação e financiamento do SUS;
3. Gestão do SUS – legislação do SUS e universalidade do sistema;
4. Registro na ANVISA e protocolos e diretrizes terapêuticas do SUS;
5. Políticas públicas de saúde – integralidade do sistema; e
6. Assistência farmacêutica do SUS.

É importante notar que os temas, embora polêmicos e de suma importância, não comportam em todos eles teses diametralmente opostas o que dificultou ainda mais o trabalho do ministro presidente que, na ânsia de manter o equilíbrio das disposições não se distraiu e manteve a incessante busca pela produtividade dessa audiência pública, tornando-a útil a todos que de qualquer forma trabalhem ou se interessem por quaisquer temas que foram abordados.

O pior desafio que surgiu nas outras audiências públicas também alcançou essa gigante, nos referimos à ausência dos ministros do próprio Supremo Tribunal Federal, visto que nessa audiência a regra se repetiu tendo pouca audiência dos ministros, tendo registro apenas do Ministro Menezes Direito, expondo e indagando algumas questões de extrema relevância, além – por óbvio – da presença integral do Ministro Gilmar Mendes que presidiu os trabalhos. Talvez com uma presença maior dos ministros a audiência pública poderia ser ainda mais proveitosa já que as indagações provavelmente seriam ainda mais frequentes, além do acesso imediato a todo o conteúdo produzido na audiência pública. Pois, dada a dificuldade de participação dos ministros é possível imaginar que talvez nem todos tenham assistido ou lido integralmente a audiência pública, podendo gerar equívocos diante de situações que as exposições já haviam sido suficientemente claras, perdendo a oportunidade de engrandecer seus conhecimentos e ampliar a certeza de suas decisões com suficiente e adequado apoio fático, técnico ou científico.

Como já foi mencionado essa audiência pública não ficou adstrita a um processo, mas será que sua realização não contribui para a solução de nenhum processo? A resposta é negativa, aliás sua produção serviu para inúmeros processos que tramitam no âmbito do Supremo Tribunal Federal ou em qualquer outro juízo, já que o farto material produzido se transformou em DVD editado pela livraria do Supremo Tribunal Federal e traz as soluções apontadas no decorrer dessa longa audiência pública, bem como um livro a respeito com a reunião dos depoimentos e, ainda, há na rede mundial de computadores no sítio oficial do STF os vídeos e transcrições para servir a qualquer profissional da área ou interessado.

Diversos atos foram produzidos a partir do teor dessa audiência, apenas para ilustrar essa reação em cadeia, menciona-se a Recomendação n. 31[79] e a Resolução n. 107[80] expedidas pelo Conselho Nacional de Justiça.

---

[79] "Recomendação n. 31. Recomenda aos Tribunais a adoção de medidas visando a melhor subsidiar os magistrados e demais operadores do direito, para assegurar maior eficiência

CAPÍTULO 3
ESTUDO DE CASOS | 109

Outro ponto que merece menção é o amplo acesso concedido aos que se interessaram em se manifestar, no total foram aproximadamente 140 requerimentos dos quais foram habilitados cinquenta participantes, mas pela primeira vez em audiência pública no Supremo Tribunal Federal foi franqueada a toda a sociedade civil a participação real nessa audiência por meio do encaminhamento de documentos.

Quanto a esse ponto específico vale retomar as audiências públicas realizadas observa-se que na primeira audiência foram convidados os especialistas indicados no requerimento do autor da ação direta de inconstitucionalidade ou outros *experts* convidados pelo ministro relator; na segunda criou-se uma fase de habilitação pela qual os interessados, inclusive os *amici curiarum*, se candidatavam para participar da audiência pública, sendo atribuídas oito vagas que foram expandidas para dez participantes, a seleção dentre os habilitados ocorreu por sorteio ou acordo entre eles; na terceira audiência pública foram convidados os *amici curiarum* e demais indicados; e na quarta audiência pública do Supremo Tribunal Federal, foi criada a fase de habilitação com seleção motivada, mas aos não selecionados para

---

na solução das demandas judiciais envolvendo a assistência à saúde. (Publicado no DJ-e n. 61/2010, em 07 de abr. de 2010. p. 4-6) (...)
CONSIDERANDO que ficou constatada na Audiência pública nº 4, realizada pelo Supremo Tribunal Federal para discutir as questões relativas às demandas judiciais que objetivam o fornecimento de prestações de saúde, a carência de informações clínicas prestadas aos magistrados a respeito dos problemas de saúde enfrentados pelos autores dessas demandas; (...) CONSIDERANDO a menção, realizada na audiência pública n. 4, à prática de alguns laboratórios no sentido de não assistir os pacientes envolvidos em pesquisas experimentais, depois de finalizada a experiência, bem como a vedação do item III.3, 'p', da Resolução n. 196/96 do Conselho Nacional de Saúde; CONSIDERANDO que, na mesma audiência, diversas autoridades e especialistas, tanto da área médica quanto da jurídica, manifestaram-se acerca de decisões judiciais que versam sobre políticas públicas existentes, assim como a necessidade de assegurar a sustentabilidade e gerenciamento do SUS; (...)
RESOLVE: I. Recomendar aos Tribunais de Justiça dos Estados e aos Tribunais Regionais Federais que: (...)."

[80] "*Resolução n. 107, de 06 de abril de 2010.* Institui o Fórum Nacional do Judiciário para monitoramento e resolução das demandas de assistência à saúde
O PRESIDENTE DO CONSELHO NACIONAL DE JUSTIÇA, no uso de suas atribuições constitucionais e regimentais, e, *CONSIDERANDO o elevado número e a ampla diversidade dos litígios referentes ao direito à saúde, bem como o forte impacto dos dispêndios decorrentes sobre os orçamentos públicos;*
CONSIDERANDO os resultados coletados na audiência pública nº 04, realizada pelo Supremo Tribunal Federal para debater as questões relativas às demandas judiciais que objetivam prestações de saúde; (...)
RESOLVE: Art. 1º Fica instituído, no âmbito do Conselho Nacional de Justiça, o Fórum Nacional para o monitoramento e resolução das demandas de assistência à saúde, com a atribuição de elaborar estudos e propor medidas concretas e normativas para o aperfeiçoamento de procedimentos, o reforço à efetividade dos processos judiciais e à prevenção de novos conflitos. (...)" (grifos nossos).

a audiência pública franqueou-se canal eletrônico pelo qual suas contribuições pudessem ser enviadas por e-mail e foram anexadas a toda a documentação produzida pela audiência pública. Por isso, é possível afirmar que essa foi a primeira audiência pública de fato a abrir as portas do Supremo Tribunal Federal a toda sociedade, servindo como um instrumento de participação de todo interessado, seja por qual razão se julgue interessado, basta que tenha pertinência ao tema.

No pronunciamento de encerramento dessa audiência, o Ministro Presidente Gilmar Mendes fez uma reflexão à pluralidade da audiência pública e sua produção, veja transcrição abaixo:

> O SR. MINISTRO GILMAR MENDES (PRESIDENTE DO STF) – Ao encerrar esta Audiência pública, em que pudemos ouvir relevantes contribuições para a efetividade do direito fundamental à saúde no Brasil, gostaria de deixar consignadas algumas palavras finais de reafirmação de sua importância.
>
> Não há dúvida de que a participação de diferentes grupos em processos judiciais de grande significado para toda a sociedade cumpre uma função de integração extremamente relevante no Estado de Direito.
>
> Assim, tivemos a oportunidade de escutar advogados, defensores públicos, promotores e procuradores de justiça, magistrados, professores, médicos, técnicos de saúde, gestores, representantes de Organizações Não Governamentais e usuários do Sistema Único de Saúde.
>
> Ao ter acesso a essa pluralidade de visões em permanente diálogo, este Supremo Tribunal Federal passa a contar com os benefícios decorrentes dos subsídios técnicos, implicações político-jurídicas e elementos de repercussão econômica apresentados pelos "amigos da Corte".

Analisando as palavras do ministro, dentre tantas possibilidades, ao menos uma dúvida inquietante pode surgir: dentre os participantes existiam alguns operadores do Direito, tais como: advogados, defensores públicos, promotores e procuradores de justiça e magistrados, será que a audiência pública se presta à audição de teses jurídicas? Na segunda audiência pública realizada no Supremo Tribunal Federal, na questão de importação de pneus, a Ministra Cármen Lúcia (relatora), provocada por um questionamento enviado durante a fase de habilitação dos interessados, se manifestou taxativamente sobre a impossibilidade de se utilizar da audiência pública para promover sustentação oral jurídica, vejamos o trecho:

3. *"ESPECIALISTAS seriam: técnicos, advogados? Qual qualificação do ESPECIALISTA?"*

O sentido da palavra especialista é a que consta da Lei n. 9.882/99 (artigo 6º, §1º), *sendo óbvio que audiência pública não é espaço nem promove o momento para sustentação oral jurídica: é a oportunidade para especialistas da área defenderem as teses de que cuida a ação.* (grifos nossos)

Confrontando esses dois casos indaga-se: o entendimento praticado pelo ministro Gilmar Mendes é diverso do praticado pela Ministra Cármen Lúcia? Parece-nos que não, pois na quarta audiência foram ouvidos profissionais das mais diversas áreas que lidam diariamente com as tormentosas questões que surgem da prestação do serviço público de saúde e os operadores do direito que se manifestaram na ocasião se posicionaram, essencialmente, diante da prática do exercício de sua função engrandecendo o aparato fático sobre o tema ao invés de defender teses jurídicas. Tanto é assim que, no último parágrafo desse pronunciamento transcrito, o Ministro Gilmar Mendes menciona que a realização dessa audiência pública trouxe subsídios técnicos, implicações político-jurídicas e elementos de repercussão econômica, deixando de lado a sustentação de teses jurídicas a respeito do tema.

Em seu pronunciamento de encerramento o Ministro Gilmar Mendes expôs de maneira clara sobre a audiência pública no Supremo apontando para o referencial teórico que adota a esse respeito.

> Essa inovação institucional, *além de contribuir para a qualidade da prestação jurisdicional, garante novas possibilidades de legitimação dos julgamentos do Tribunal no âmbito de sua tarefa precípua de guarda da Constituição e, também, no exercício de sua competência de proteção do interesse público e uniformização das decisões.*
>
> Conforme observa o Professor *Peter Häberle*:
>
> *"A interpretação conhece possibilidades e alternativas diversas. A vinculação se converte em liberdade, na medida em que se reconhece que a nova orientação hermenêutica consegue contrariar a ideologia da subsunção. A ampliação do círculo dos intérpretes aqui sustentada é apenas a consequência da necessidade, por todos defendida, de integração da realidade no processo de interpretação. É que os intérpretes em sentido amplo compõem essa realidade pluralista. Se se reconhece que a norma não é uma decisão prévia, simples e acabada, há de se indagar sobre os participantes no seu desenvolvimento funcional, sobre as forças ativas da Law in public action (personalização, pluralização da interpretação constitucional!)."*
>
> Evidente, assim, que essa fórmula procedimental *constitui um excelente instrumento de informação* para a Corte Suprema.

Nos seis dias de debate, ressaltou-se a dificuldade e complexidade do tema e a importância da atuação consciente do Poder Judiciário.

Também restou consignada a importância de se abrirem espaços de consenso e de se construírem soluções compartilhadas, inclusive pela via administrativa. (...) (Grifos nossos)

Por essa citação observa que o Ministro Gilmar Mendes considera a audiência pública como um excelente instrumento de informação da Corte, mas não é só isso, já que aponta a possibilidade de produção outros diversos efeitos, dentre os quais, menciona a abertura de espaços de consenso, construção de soluções compartilhadas, melhora da qualidade da prestação do serviço jurisdicional, reforçando a proteção ao interesse público e a uniformização de suas decisões, além de garantir novas possibilidades de legitimação das decisões constitucionais.

QUADRO SINÓPTICO DA QUARTA AUDIÊNCIA PÚBLICA

(continua)

Quarta audiência pública no Supremo Tribunal Federal	
Tema da audiência	Audiência pública sobre o Sistema Único de Saúde.
Processo	Desenvolveu-se no âmbito da presidência do Supremo Tribunal Federal, por força de diversos processos, dos quais foram apontados os agravos regimentais nas suspensões de liminares 47 e 64, suspensões de tutela antecipada n. 36, 185, 211 e 278, e nas suspensões de segurança n. 2.361, 2.944, 3.345 e 3.355.
Ministro convocador	Ministro Gilmar Mendes.
Presidente do Supremo à época	Ministro Gilmar Mendes.
Data de convocação	5 de março de 2009.
Data de realização	27, 28, 29 de abril, 4, 6 e 7 de maio de 2009.
Regramento	Adotou o Regimento Interno do Supremo Tribunal Federal atualizado com a Emenda Regimental n. 29 de 18 de fevereiro de 2009.
Publicidade e divulgação	Publicação no Diário de Justiça e transmissão pela Rádio e TV Justiça e também franqueou acesso a toda imprensa.
Critério de admissão dos expositores	Foi adotada a fase de habilitação, franqueando o requerimento a qualquer interessado. Os critérios de eleição foram a representatividade da associação ou entidade requerente, a originalidade da tese proposta e o currículo do especialista indicado.

QUADRO SINÓPTICO DA QUARTA AUDIÊNCIA PÚBLICA

(conclusão)

Quarta audiência pública no Supremo Tribunal Federal	
Quantidade de pessoas que se manifestaram	50 (cinquenta) pessoas se manifestaram.
Quantidade de pessoas que se inscreveram	Mais de 140 (cento e quarenta) pessoas. O presidente franqueou a todos os requerentes, habilitados ou não, o envio eletrônico de documentos com a tese defendida para o Supremo Tribunal Federal e o disponibilizaria no portal oficial.
Ministros presentes	O Ministro Gilmar Mendes (presidente) e o Ministro Menezes Direito.
Julgamento	Todos os processos apontados foram julgados.

3.6 Quinta audiência pública: políticas de ação afirmativa no ensino superior baseada em critérios raciais

A quinta audiência pública do Supremo Tribunal Federal tratou das cotas raciais em faculdades. Foi convocada pelo Ministro Ricardo Lewandowski relator dos autos da ADPF n. 186 e do RE n. 597.285, processos que contestam a adoção de reserva de vagas em universidades públicas com base em critérios raciais.

A Arguição de Descumprimento de Preceito Fundamental n. 186 foi ajuizada pelo partido Democratas contra o conselho de ensino, pesquisa e extensão da universidade de Brasília (Cespe/UnB), tendo por objeto o questionamento de atos administrativos que adotaram critérios raciais para a admissão de alunos pelo sistema de reserva de vagas na UnB. O fundamento da arguição se concentrou na alegação de violação dos artigos 1º, 3º, 4º, 5º, 37, 207 e 208 da Constituição Federal. Já o Recurso Extraordinário n. 597.285 foi interposto por um estudante que se sentiu prejudicado pelo sistema de cotas adotado pela Universidade Federal do Rio Grande do Sul (UFRGS). O estudante contestava a constitucionalidade do sistema de reserva de vagas como meio de ingresso no ensino superior. Ele não alcançou a pontuação necessária no vestibular para ocupar uma vaga no curso de administração, embora tenha alcançado pontuação maior do que alguns candidatos admitidos no mesmo curso pelo sistema de cotas.

O Ministro Ricardo Lewandowski convocou a audiência pública por despacho em 15 de setembro de 2009 justificando sua convocação diante da pertinência social e constitucional do tema:

A questão constitucional apresenta relevância do ponto de vista jurídico, uma vez que a interpretação a ser firmada por esta Corte poderá autorizar, ou não, o uso de critérios raciais nos programas de admissão das universidades brasileiras.

Além disso, evidencia-se a repercussão social, porquanto a solução da controvérsia em análise *poderá ensejar relevante impacto sobre políticas públicas que objetivam,* por meio de ações afirmativas, a redução de desigualdades para o acesso ao ensino superior. (grifos nossos)

Ao analisar a repercussão social foi qualificado como ponto determinante o impacto sobre as políticas públicas referentes ao tema, aqui outra feição da audiência pública torna-se clara, isto é, a sua capacidade de aferir o impacto que a decisão da Corte provocará.

Pela primeira vez elaborou-se edital a respeito convocando os interessados para participarem, em seu teor indicou os dados dos processos que suscitaram a dúvida constitucional, fazendo um breve resumo de cada, apontando-se como regramento o Regimento Interno do Supremo Tribunal Federal e determinou as datas e os horários de realização expondo o endereço eletrônico pelo qual os interessados deveriam indicar a tese que pretendem defender. Não se estabeleceu o critério de habilitação desses candidatos limitando o edital a fixar data para divulgação da lista dos selecionados. Entretanto, como requisitos para a inscrição, ao exemplo da audiência pública anterior, exigiu-se que os interessados – em sede de requerimento – consignassem os pontos que pretendiam defender e indicassem o nome do representante que faria a exposição.

No final do edital, o relator demonstrou sua preocupação com a documentação e divulgação da audiência pública, reproduzindo o artigo 154, parágrafo único, V, do RISTF, informando que "A audiência pública será transmitida pela TV Justiça e pela Rádio Justiça (artigo 154, parágrafo único, V, do Regimento Interno do Supremo Tribunal Federal), assim como pelas demais emissoras que assim o requererem. Tais pedidos deverão ser encaminhados à Secretaria de Comunicação Social".

O prazo inicial para que os interessados procedessem a inscrição por meio de endereço eletrônico oferecido no edital, teve duração entre o dia 1º de outubro de 2009 e 30 de outubro de 2009 fixando o dia 13 de novembro do mesmo ano para a divulgação dos habilitados, mas o Ministro Relator Ricardo Lewandowski optou por prorrogar esse prazo até o dia 30 de novembro de 2009 e fixou data para a divulgação da seleção em 16 de dezembro de 2009.

Em 17 de dezembro de 2009, o ministrou proferiu um despacho que denominou de "Despacho de Habilitação de Participantes de Audiência pública", relacionando os trinta e oito participantes habilitados a expor na quinta audiência pública do Supremo Tribunal Federal. Nesse despacho o ministro frisou as diretrizes que adotou para nortear os critérios utilizados para a seleção, realçando o grande número de interessados que requereram sua participação. Ao todo foram duzentos e cinquenta e duas pessoas que formularam requerimento solicitando habilitação para se manifestar na quinta audiência pública do Supremo:

> Tendo em vista o grande número de requerimentos recebidos (252 pedidos), foi necessário circunscrever a participação da audiência a reduzido número de representantes e especialistas. *Os critérios adotados para a seleção dos habilitados tiveram como objetivos garantir, ao máximo, (i) a participação dos diversos segmentos da sociedade, bem como (ii) a mais ampla variação de abordagens sobre a temática das políticas de ação afirmativa de acesso ao ensino superior.*[81] (grifos nossos).

O Ministro Ricardo Lewandowski também adotou mecanismo para franquear aos não habilitados a possibilidade de contribuir para os debates, indicando endereço eletrônico pelo qual poderiam enviar material pertinente que seria disponibilizado no portal oficial do Supremo Tribunal Federal na rede mundial de computadores, como é possível verificar no trecho do despacho de habilitação transcrito abaixo:

> Ressalto, no entanto, *que todos os requerentes, habilitados ou não, poderão enviar documentos com a tese defendida para o endereço eletrônico <acaoafirmativa@stf.jus.br>. O material enviado será disponibilizado no portal eletrônico do Supremo Tribunal Federal.* (grifos nossos)

Essa audiência pública foi realizada nos dias 3, 4 e 5 de março de 2010 e se manifestaram 38 especialistas no tema, além do próprio ministro, a vice-Procuradora Geral da República, Débora Macedo Duprat de Britto Pereira, o Diretor-Tesoureiro do Conselho Federal da Ordem dos Advogados do Brasil, Dr. Miguel Angelo Cançado, e o Advogado Geral da União, Luís Inácio Lucena Adams.

---

[81] Trecho do despacho de habilitação de participantes de audiência pública. Disponível em: <http://www.stf.jus.br/portal/cms/verTexto.asp?servico=processoAudienciaPublicaAcaoAfirmativa>. Acesso em: 20 fev. 2001.

Pela primeira vez, o cronograma da audiência pública, que foi previamente publicado, sofreu fortes críticas na imprensa suportando inclusive peticionamento para sua reformulação perante uma alegada quebra de isonomia, o que foi indeferido ao final.

Mas vejamos a controvérsia, o cronograma dividiu os três dias de audiência pública da seguinte maneira:

a) *3 de março* foi destinado às instituições estatais responsáveis pela regulação e organização das políticas nacionais de educação e de combate à discriminação étnica e racial (Ministério da Educação, Secretaria Especial de Políticas de Promoção da Igualdade Racial, Secretaria Nacional de Direitos Humanos, Fundação Nacional do Índio e Comissão de Constituição e Justiça do Senado Federal), bem como pela instituição responsável por mensurar os resultados dessas políticas públicas (Instituto de Pesquisa Econômica Aplicada – IPEA). Além disso foram ouvidas as partes relacionadas aos processos selecionados para a audiência pública.

b) *4 de março* foi destinado aos debates de teses, paritariamente, entre os defensores da tese de constitucionalidade e de inconstitucionalidade.

c) *5 de março na parte da manhã* continuaram esses debates paritários.

d) *5 de março na parte da tarde* foi destinado à apresentação das experiências das universidades públicas na aplicação das políticas de reserva de vagas como ação afirmativa para acesso ao ensino superior. Após essas entidades, a associação dos juízes federais expôs como tem julgado os conflitos decorrentes da aplicação dessas medidas.

Por força dessa divisão, conforme noticiou o jornal *O Estado de S.Paulo*,[82] o partido político Democratas entendeu que a primeira e a última partes da audiência pública não garantiria isonomia de teses, apontando que há entre os representantes estatais e das universidades mais pessoas favoráveis ao sistema de cotas. O ministro relator ao analisar o pedido o indeferiu reafirmando a isonomia adotada e frisando que a intenção é que esses representantes relatem experiências positivas e negativas da política de cotas.

---

[82] Notícia veiculada pelo jornal *O Estado de S.Paulo* 3 mar. 2010. Disponível em: <http://www.estadao.com.br/noticias/suplementos,stf-abre-debate-sobre-cotas-raciais-nas-universidades,518867,0.shtm>. Acesso em: 20 fev. 2011.

CAPÍTULO 3
ESTUDO DE CASOS | 117

Na ocasião, o Deputado Federal Ronaldo Caiado (DEM-GO) chegou a acusar – perante a imprensa – o Ministro da Igualdade Racial Edson Santos de utilizar recursos públicos para mobilizar pessoas e grupos favoráveis à política de cotas, conforme se verifica no trecho transcrito abaixo:[83]

> Caiado também tem acusado o "O ministro está usando a máquina do Estado para *convocar ONGs e pressionar o Judiciário"*, disse o deputado. "Ele não pode transformar a sua opinião em defesa das cotas em política de Estado." (grifos nossos)

Em que pese tanta polêmica em torno dessa audiência pública, seja pelo tema extremamente controverso em toda a sociedade, ou ainda por ter sofrido pressão política do inerente ao ano de eleições presidenciais, novamente a audiência pública se revelou plural e buscou a paridade de teses.

Mas de fato a divisão comporta uma crítica: da forma em que foi dividida a audiência pública levanta-se um risco enorme daquelas pessoas que tenham experiência na matéria e também tenham preferência por certa tese, podendo desequilibrar a audiência pública. A questão ganha relevância pelo fato de não haver espaço e tempo suficientes para que ouçam todos os interessados, assim, deve-se restringir a participação, e caso essa restrição não revele a pluralidade dos pensamentos que orbitam a sociedade, a audiência pública pode não surtir alguns de seus desejáveis efeitos, dentre eles destacamos seu efeito direto e o fornecimento de substrato fático aos ministros.

Até o momento[84] não ocorreu o julgamento dos processos em que se desenvolveram essa audiência pública.

---

[83] Notícia veiculada pelo jornal *O Estado de S.Paulo* 3 março 2010. Disponível em: <http://www.estadao.com.br/noticias/suplementos,stf-abre-debate-sobre-cotas-raciais-nas-universidades,518867,0.shtm>. Acesso em: 20 fev. 2011.

[84] Pesquisa encerrada em 31 dezembro 2011.

QUADRO SINÓPTICO DA QUINTA AUDIÊNCIA PÚBLICA

Quinta audiência pública no Supremo Tribunal Federal	
Tema da audiência	Audiência pública sobre adoção de critérios raciais para a reserva de vagas no ensino superior.
Processo	Desenvolveu-se nos seguintes processos: Arguição de descumprimento de Preceito Fundamental n. 186 e Recurso Extraordinário n. 597.285.
Ministro convocador	Ministro Ricardo Lewandowski.
Presidente do Supremo à época	Ministro Gilmar Mendes.
Data de convocação	15 de setembro de 2009.
Data de realização	3, 4 e 5 de março de 2010.
Regramento	Adotou o Regimento Interno do Supremo Tribunal Federal atualizado com a Emenda Regimental n. 29 de 18 de fevereiro de 2009. Mas inovou ao determinar a expedição e fixação de edital a respeito.
Publicidade e divulgação	Publicação no Diário de Justiça e transmissão pela Rádio e TV Justiça e também franqueou acesso a toda imprensa.
Critério de admissão dos expositores	Foi adotada a fase de habilitação, franqueando o requerimento a qualquer interessado. Os critérios de eleição tiveram por objetivos (i) a participação dos diversos segmentos da sociedade, bem como (ii) a mais ampla variação de abordagens sobre a temática das políticas de ação afirmativa de acesso ao ensino superior.
Quantidade de pessoas que se manifestaram	38 (trinta e oito) pessoas se manifestaram.
Quantidade de pessoas que se inscreveram	252 (duzentos e cinquenta e duas) pessoas. O relator franqueou a todos os requerentes, habilitados ou não, o envio eletrônico de documentos com a tese defendida para o Supremo Tribunal Federal e o disponibilizaria no portal oficial.
Ministros presentes	O Ministro Gilmar Mendes (presidente do STF) Ricardo Lewandowski (relator) e o Ministro Joaquim Barbosa.
Julgamento	Não há nenhum voto a respeito.

3.7 Sexta audiência pública: Lei Seca

Embora até a finalização dessa pesquisa,[85] o Supremo Tribunal Federal não tenha realizado sua sexta audiência pública já constava sua convocação e agendamento para realização em 7 e 14 de maio de 2012, e com base nos dados disponíveis abordaremos essa futura audiência pública.

Essa audiência pública foi convocada nos autos da Ação Direta de Inconstitucionalidade n. 4.103 e iniciada pela Associação Brasileira de Restaurantes e Empresas de Entretenimento – ABRASEL nacional – em 7 de julho de 2008 sob a relatoria do Ministro Eros Grau e, após sua aposentadoria, sob relatoria do Ministro Luiz Fux.

O objeto da ADIn é a declaração de inconstitucionalidade dos artigos 2º, 3º, 4º e 5º, III, IV e VIII, da Lei n. 11.705 de 19 de junho de 2008 que ficou conhecida como a Lei Seca por trazer a proibição de venda de bebidas alcoólicas às margens das rodovias federais e nos terrenos contíguos prevendo multas, fiscalização, divulgação, etc., além de reduzir a zero a tolerância com o álcool que antes era tolerada em seis decigramas de álcool por litro.

A ABRASEL argumentou a inconstitucionalidade na violação dos princípios constitucionais da legalidade, da razoabilidade, da proporcionalidade, da isonomia, da individualização da pena, da liberdade econômica e livre iniciativa. A Associação Brasileira de Medicina do Tráfego – ABRAMET – e a Fundação Calado Corrêa Netto foram habilitados como *amici curiarum.*

Em 7 de novembro de 2011 o Relator Ministro Luiz Fux por meio de despacho convocou audiência pública fundamentando essa decisão diante da pluralidade da matéria e da ampliação da legitimidade democrática da futura decisão, senão vejamos:

> A temática versada nestes autos reclama apreciação que ultrapassa os limites do estritamente jurídico, porquanto demanda abordagem técnica e interdisciplinar da matéria. Há inúmeros estudos e pesquisas acerca dos efeitos da incidência de uma legislação mais rigorosa a quem conduz alcoolizado um veículo, mormente quando o objetivo da norma é a redução de acidentes em rodovias. Reputa-se, assim, valiosa e necessária a realização de Audiências Públicas sobre diversos temas controvertidos nestes autos, não só para que esta Corte possa ser *municiada* de informação imprescindível para o deslinde do feito, como, também, para que a legitimidade democrática do futuro pronunciamento judicial seja, sobremaneira, incrementada

---

[85] Ocorrido em 31 dezembro 2011.

O Ministro Fux, a exemplo da Audiência Pública n. 4, elencou as principais questões que os participantes deveriam se concentrar:

a) efeitos da bebida alcoólica na condução de veículos automotores;

b) efeitos no aumento do número de acidentes em rodovias, em razão da venda de bebidas alcoólicas nas proximidades de rodovias;

c) se a Lei n. 11.705 (Lei Seca) já trouxe benefícios concretos para a população brasileira;

d) meios científicos, invasivos e não invasivos, para se apurar, com segurança, a embriaguez incapacitante para a condução de veículos;

e) números de prisões e autuações administrativas efetuadas após o surgimento da "Lei Seca", em razão da condução de veículos em estado de embriaguez;

f) panorama mundial do enfrentamento do problema da embriaguez ao volante;

g) se a concentração de álcool por litro de sangue igual ou superior a 6 (seis) decigramas gera, em qualquer pessoa, e independentemente da sua compleição física, um estado de embriaguez incapacitante para a condução de um veículo;

h) se existe alguma concentração específica de álcool por litro de sangue capaz de atestar uma embriaguez incapacitante, de toda e qualquer pessoa, para a condução de um veículo automotor;

i) de que modo o aparelho conhecido como bafômetro mede a quantidade de álcool por litro de sangue igual ou superior a 6 (seis) decigramas;

j) a margem de erro de cada um dos métodos atualmente empregados para aferir a embriaguez ao volante;

k) a frequência de aferição dos equipamentos utilizados na medição dos níveis de alcoolemia;

l) se quem come um doce com licor, ingere um remédio com álcool ou usa um antisséptico bucal pode dar origem a uma concentração de álcool por litro de sangue igual ou superior a 6 (seis) decigramas.

QUADRO SINÓPTICO DA SEXTA AUDIÊNCIA PÚBLICA[86]

Sexta audiência pública no Supremo Tribunal Federal	
Tema da audiência	Audiência pública sobre a Lei Seca.
Processo	Ação Direta de Inconstitucionalidade n. 4.103
Ministro convocador	Ministro Luiz Fux.
Presidente do Supremo à época	Ministro Cezar Peluso.
Data de convocação	7 de novembro de 2011.
Data de realização	Prevista para os dias 7 e 14 de maio de 2012.
Regramento	Adotou o regimento interno do Supremo Tribunal Federal atualizado com a Emenda Regimental n. 29 de 18 de fevereiro de 2009.
Publicidade e divulgação	Publicação no Diário de Justiça e transmissão pela Rádio e TV Justiça e também foi franqueado acesso a toda imprensa.
Critério de admissão dos expositores	Foi adotada a fase de habilitação, franqueando o requerimento a qualquer interessado. Não foram mencionados os critérios de seleção.
Quantidade de pessoas que se manifestaram	Previsão de 22 (vinte e duas) pessoas a se manifestarem.
Quantidade de pessoas que se inscreveram	Não informado até o encerramento da pesquisa. O relator franqueou a todos os requerentes, habilitados ou não, o envio eletrônico de documentos com a tese defendida para o Supremo Tribunal Federal e o disponibilizaria no portal oficial.
Ministros presentes	Audiência pública a se realizar.
Julgamento	Não há nenhum voto a respeito.

---

[86] Como já foi mencionado, até o término da pesquisa em 31 de dezembro de 2011 há previsão da realização da sexta audiência nos moldes aqui mencionados. Disponível em: <http://www.stf.jus.br/portal/cms/verTexto.asp?servico=processoAudienciaPublicaAdin4 103&pagina=principal>. Acesso em: 28 dez. 2011.

CONCLUSÃO

Desde o início da audiência pública no sistema brasileiro na ocasião prevista na resolução do Conselho Nacional do Meio Ambiente em 1986 surgiu como um instrumento de prestação de contas ou de meras informações aos interessados atribuindo aos participantes um papel essencialmente passivo, salvo a permissão para emitir algumas sugestões ou críticas quanto ao apresentado. A realização dessa audiência pública coube à autoridade apta para emanar o ato decisório, entretanto, é possível que seja realizada de ofício ou a pedido de entidade civil, Ministério Público, ou por cinquenta ou mais cidadãos. Nesse ponto também inova permitindo a solicitação da sociedade tanto organizada como não organizada, prevendo um número mínimo de cidadãos para exercer esse direito e não exigindo nenhum tipo de organização ou elo entre eles, bastando apenas a reunião e o interesse comum na realização da audiência pública.

Em 1987 por força da Assembleia Constituinte Nacional, a audiência pública também foi prevista exigindo sua realização em determinados casos, mas foi além da mera prestação de contas ou informações galgando espaço público para deliberações mediante manifestação dos participantes. Essa boa experiência transformou-se em um canal para levar a audiência pública para a Constituição Federal, e por força do princípio da simetria, esse instrumento também foi disseminado no âmbito dos Estados-membros e dos Municípios com reprodução dessa exigência no âmbito de sua atividade orgânica legislativa.

Essa experiência também foi repetida no regimento do Senado Federal, que mediante reforma significativa introduziu dispositivos que regulam o procedimento da audiência pública no âmbito do Senado. Na ocasião uma previsão procedimental causa estranheza, qual seja:

a eleição da via escrita para as manifestações dos participantes da audiência pública, entretanto, a oralidade também se revelou presente já que, embora as manifestações devam ser escritas em audiência pública há obrigatoriedade de serem expostas em viva voz.

Já o regimento interno da Câmara dos Deputados além de prever e exigir a existência dessas audiências ousou mais e regulou seu procedimento dedicando um capítulo específico ao tema, cujo teor se destacam a oralidade e o contraditório.

A Lei do Processo Administrativo Federal de n. 9.784 de 29 de janeiro de 1999 em seus artigos 32 a 35 dispôs sobre a realização da audiência pública deixando claro em seu texto a seriedade e o caráter participativo atribuídos a essa audiência, indo além da prestação de contas ou informações aos interessados para encampar verdadeiro instrumento de participação. Além disso adotou-se dispositivo que obriga a juntada e exposição dos resultados produzidos pelas audiências públicas em conjunto a decisão tomada evitando que a audiência pública não se torne mero adorno processual. Portanto, cria-se uma espécie de vinculação atribuída a essa audiência, pois obriga a apresentação de seu resultado em conjunto a decisão final possibilitando o confronto direto entre a audiência e a decisão o que – ao menos indiretamente – força a autoridade competente a adequar sua decisão aos resultados obtidos em audiência, dessa forma a decisão pode adotar ou não as propostas resultantes dos debates realizados, contudo deverá justificar essa posição não podendo omitir os frutos obtidos pela audiência pública.

Traçando esse paralelo entre as variadas previsões da audiência pública no sistema brasileiro conclui-se que embora incipiente na atividade do Tribunal Constitucional, já há muito tempo a audiência pública tomou corpo na atividade do legislativo e da Administração Pública. No Judiciário a audiência pública também está presente sendo mais comum encontrá-la nas atividades atípicas do Judiciário como em sua atividade administrativa por meio de sua ouvidoria ou no exercício da competência normativa, por exemplo, na Justiça Eleitoral. Entretanto, conclui-se que no âmbito jurisdicional, mesmo diante da ausência de normas a respeito, nota-se uma evolução e ascendência de seu uso nessa seara, adotando uma frequência maior com o passar dos tempos, em especial pela adoção desse instrumento pelo Tribunal Superior do Trabalho e algumas incidências na primeira instância da justiça comum, notadamente nos autos de ação civil pública.

Sendo possível apresentar, em conclusão, um primeiro conceito desse instrumento que pretende abranger todas as suas previsões, nesta esteira a *audiência pública pode ser conceituada como um instrumento que auxilia a tomada de decisões, permitindo o diálogo entre a autoridade que decide e a sociedade que conhece as peculiaridades do objeto da decisão, seja pela expertise na área, seja por ser sujeito direto ou indireto dos efeitos da decisão que se seguirá. Sua condução se dá necessariamente pela oralidade e é pautada pela elevada transparência, atribuindo maior substrato factual para a autoridade que decide, além de ampliar a legitimidade dessa decisão.*

No âmbito da atividade do Tribunal Constitucional na busca de exemplares no direito comparado durante a pesquisa destacou-se algumas raras presenças da audiência pública, porém, de maneira geral apresentam-se ainda muito tímidas, com pouca regulamentação a respeito, merecendo destaque o exemplo chileno.

Na busca da identidade da audiência pública especificamente no Supremo Tribunal Federal e tomando por base o conceito geral de audiência pública, chega-se por conclusão a um conceito dessa específica audiência como *o instrumento pelo qual essa Corte ouve o público especializado ou com experiência na matéria para esclarecer questões ou circunstâncias de fato, com repercussão geral ou de interesse público relevante, com a finalidade de esclarecer os Ministros sobre a matéria ou circunstâncias de fato, além de criar oportunidade para se debater simultaneamente as teses opostas e com fundamentos variados, ampliando e fomentando o debate dentro e fora da Corte, ampliando a transparência e publicidade das atividades do Supremo Tribunal Federal e trazendo maior pluralidade ao processo constitucional, além de aproximar a sociedade da Corte e, ainda, possibilitar a aferição de efeitos do julgado, realizando um prognóstico do comportamento social diante da decisão a ser tomada.*

Ao analisar a aplicação e a evolução do regramento foi possível identificar a criação da audiência pública no Supremo Tribunal Federal ainda como um mecanismo de informação, sendo prevista ao lado da requisição de informações e designação de peritos ou comissão de peritos. De fato, no modo previsto em sua criação a audiência pública serviria como um mecanismo que levaria as informações necessárias aos ministros do Supremo, entretanto, com o seu uso, foi se revelando mais útil do que um mero instrumento de aferição de fatos ou da matéria e prova disso foi a adaptação de seu regime jurídico com a adoção da emenda Regimental n. 29 de 11 de fevereiro de 2009 que trouxe corpo para a audiência pública fixando alguns pontos que a prática já havia demonstrado. Assim a audiência pública no Supremo Tribunal Federal cresceu diante de sua prática, clamando por novo regramento que fixou novos requisitos, mas expandiu suas hipóteses de cabimento.

Por meio dessa emenda regimental o Supremo Tribunal Federal estendeu ao presidente do Supremo a possibilidade de convocação da audiência pública nos casos de interesses do próprio Tribunal mantendo, a atribuição do relator no âmbito do processo sob sua relatoria. Estendeu também a qualquer tipo de ação, enquanto a previsão legal se refere somente às ações diretas de inconstitucionalidade (por ação ou omissão), a ação declaratória de constitucionalidade e a arguição de descumprimento de preceito fundamental.

Embora tenha ampliada as hipóteses de incidência permitindo que ocorra em qualquer processo, ampliou também os requisitos para a realização da audiência pública exigindo a existência de repercussão geral ou interesse público relevante. Permitindo concluir que a partir do momento em que não basta mais a vontade do ministro para convocar a audiência pública já que se exige a aferição da viabilidade dessa audiência diante da repercussão geral e interesse público relevante, iniciando a construção de uma ponte entre os interesses do Supremo Tribunal Federal e o interesse da sociedade civil, isto é, embora a decisão de convocar ou não a audiência pública caiba ao ministro (relator ou presidente) diante de sua discricionariedade, ele deverá considerar o cenário todo, buscando o interesse público relevante e a repercussão geral do tema e aferindo não apenas sua dúvida acerca da matéria ou das circunstâncias de fato, mas o que essa dúvida pode representar à sociedade civil.

A Emenda Regimental n. 29 ao invés de deixar todo o procedimento ao arbítrio do ministro que convoca e preside a audiência pública preferiu fixar alguns pontos que, em fase de conclusão podem ser agrupados em três grandes partes: transparência; paridade e pluralidade de opiniões; e documentação. Pela primeira exigiu ampla divulgação do despacho convocatório, além da transmissão pela TV e Rádio Justiça; pela segunda passou a prever a paridade de opiniões, embora já adotada até então, passou a constar como uma exigência procedimental, desde e é óbvio, que haja correntes opositoras e defensoras, mas não se limitou à paridade ou equilíbrio buscando também a pluralidade de ideias, e aqui concluímos que essa pluralidade deve ir além da conclusão da própria tese abrangendo também sua construção. Por derradeiro, as regras de documentação exige o registro e a juntada aos autos, ou se for o caso, arquivados no âmbito da presidência. Essa última exigência também se revela de grande importância, uma vez que as audiências públicas tendem a ser longas, e costumeiramente, não contam com a presença da maioria dos ministros, assim, essa exigência permite que a audiência pública surta efeitos para além daqueles que participaram.

Na aferição e agrupamento dos efeitos provocados pela audiência pública preferimos a classificação desses efeitos em diretos e indiretos.

O critério de classificação se restringiu a relação de produção de efeitos da audiência pública pelo Supremo Tribunal Federal e sua interação e recepção pela sociedade. Assim, os efeitos diretos são os provocados diretamente pela realização da audiência pública independente da reação da sociedade perante essa realização, e, ainda, incidindo esses efeitos independente da polêmica ou dimensão do tema; da aderência da matéria ao dia a dia da sociedade; da ampla divulgação para a mídia não especializada e de seu alcance social. Já os efeitos indiretos são os provocados pela reação e interação da sociedade diante da realização da audiência pública, dependendo não apenas da realização da audiência pública, mas também do interesse que a matéria representa para a sociedade; da ampla divulgação pela mídia não especializada; da aceitação e introdução do tema no seio da sociedade civil, etc.

Dentre os efeitos diretos destacam-se o esclarecimento sobre a matéria ou a circunstância de fato que é uma oportunidade para se debater teses opostas, ampliando e fomentando o debate na Corte, além de trazer maior pluralidade ao processo constitucional. Já os efeitos indiretos destacam-se a ampliação e fomento do debate fora da Corte, aproximação entre a sociedade e o Supremo Tribunal Federal e a aferição de efeitos do julgado, realizando um prognóstico do comportamento social diante da decisão a ser tomada.

A somatória desses efeitos revela não somente o que é audiência pública, mas, em conclusão, o que pode ser a audiência pública no Supremo Tribunal Federal. Os efeitos vão além daqueles produzidos internamente, dentre as barras do Tribunal, dependendo da condução da audiência pública e sua recepção pela sociedade forma-se um sólido canal de acesso onde a sociedade tem a oportunidade de adentrar ao Tribunal e o Tribunal, por sua vez, de ouvir a sociedade.

Com o estudo de casos foi possível concluir diante da evolução da audiência pública como instrumento a disposição do Supremo Tribunal Federal, revelando que se iniciou como uma pequena fissura no seio do Tribunal e com o uso e as experiências realizadas expandiu-se espantosamente assumindo feições gigantescas no sistema jurídico nacional.

Todas as audiências ocuparam temas polêmicos e centrais tais como: a vida, a igualdade, a saúde e o meio ambiente. A primeira audiência pública enfrentou muitas barreiras para pôr em prática a sua realização, dentre as barreiras conhecidas e óbvias destacam-se o pioneirismo; a controvérsia a respeito do tema e sua patente delicadeza; a ausência de regramento e de paradigma no âmbito do próprio Tribunal e a gigantesca pluralidade de ideias.

Como vimos, para o problema do pioneirismo sobrou coragem ao relator indicando passo a passo suas intenções, agindo com transparência e reforçando a seriedade empregada. Para a ausência do regramento regimental sobre a audiência pública, o relator adotou os dispositivos específicos da Câmara dos Deputados.

A segunda audiência pública que tratou da possibilidade de importação de pneus usados foi pouco divulgada pela mídia não especializada, pode-se dizer que das cinco audiências realizadas foi a que menos alcançou a sociedade civil, o que pode ser atribuído ao curto tempo entre a convocação e sua realização (quinze dias) e, embora o tema seja demasiadamente importante, não é de preocupação tão comum e direta como o direito a vida, a saúde ou igualdade. O interesse na ADPF n. 101 onde se desenvolveu a segunda audiência pública é um interesse típico de uma parcela especializada da sociedade, seja por questões de convicções ambientais ou inclusive mercadológicas já que o mercado envolvido é voraz e não poupa esforços para buscar decisões favoráveis sendo provável a existência de forte pressão dos envolvidos na matéria.

No caso da terceira audiência pública a interrupção de gravidez diante de fetos anencéfalos é permeada por forte polêmica que assume aspectos que adentram em convicções religiosas e sociológicas, mas seu transcorrer foi elogiável do ponto de vista da tranquilidade na condução dos trabalhos, merecendo destaque seu informalismo e espontaneidade, facultando a participação dos técnicos envolvidos na causa, destinando espaço para o advogado e para o Ministério Público esclarecerem mais dúvidas a respeito dos depoimentos e do tema.

Na quarta audiência pública o tema debatido foi a saúde e dentre tantos, ao menos um ponto, em sede de conclusão, merece menção que é o amplo acesso concedido aos que se interessaram em se manifestar, no total foram aproximadamente 140 requerimentos, dos quais foram habilitados cinquenta participantes, mas pela primeira vez em audiência pública no Supremo Tribunal Federal foi franqueada a toda a sociedade civil a participação real nesta audiência. Já que na primeira audiência participara os especialistas convidados mediante requerimento do autor da ação direta de inconstitucionalidade, ou mediante convite do ministro relator; na segunda criou-se uma fase de habilitação, pela qual os interessados, inclusive os *amici curiarum* se candidatavam para participar da audiência pública, sendo atribuída oito vagas que foram expandidas para dez participantes e a seleção dentre os habilitados ocorreu por sorteio ou acordo entre eles; na terceira audiência pública

CONCLUSÃO | 129

foram convidados os *amici curiarum* e demais indicados; e na quarta audiência pública do Supremo Tribunal Federal foi criada a fase de habilitação com seleção motivada, mas aos não selecionados para a audiência pública foi franqueado canal eletrônico, pelo qual suas contribuições pudessem ser enviadas e foram anexadas a toda a documentação produzida por essa audiência. Por isso, é possível afirmar que esta foi a primeira audiência pública de fato a abrir as portas do Supremo Tribunal Federal a toda sociedade, servindo como um instrumento de participação de qualquer interessado, seja por qual razão se julgue interessado, bastando a pertinência ao tema.

Na quinta audiência pública que tratou da adoção de critérios raciais para a reserva de vagas no ensino superior, optou-se por elaborar edital a respeito, convocando os interessados para participarem, em seu teor indicou os dados dos processos que suscitaram a dúvida constitucional, fazendo um breve resumo de cada, apontando-se como regramento o Regimento Interno do Supremo Tribunal Federal e determinou as datas e os horários de realização, expondo o endereço eletrônico pelo qual os interessados deveriam indicar a tese que pretendem defender. Não se estabeleceu o critério de habilitação desses candidatos, limitando o edital a fixar data para divulgação da lista dos selecionados. Entretanto, como requisitos para a inscrição, ao exemplo da audiência pública anterior, exigiu-se que os interessados – em sede de requerimento – consignassem os pontos que pretendiam defender e indicassem o nome do representante que faria a exposição.

Pela primeira vez foi questionada a paridade de teses e o equilíbrio da audiência pública, mas em que pese tanta polêmica, seja pelo tema extremamente controverso em toda a sociedade, seja por ter sido realizada em ano de eleições presidenciais e por isso pode ter sido usada por provocações mais de ordem político-partidária do que jurídicas, novamente a audiência pública se revelou plural e buscou a paridade de teses. O que ocorreu foi que dos quatro dias da audiência pública dois foram destinados aos debates de teses opostas, e dois dias ficaram para manifestação dos órgãos estatais e das universidades que adotaram o sistema. Portanto, conclui-se que da forma em que foi dividida a audiência pública levantou-se um risco enorme daquelas pessoas que tenham experiência na matéria – ainda que veladamente – ou também que tenham preferência por certa tese, podendo desequilibrar a audiência pública. A questão ganha relevância pelo fato de não haver espaço e tempo suficiente para que ouçam todos os interessados, assim, deve-se restringir a participação e caso essa restrição não revele a pluralidade dos pensamentos que orbitam a sociedade, a audiência pública pode não surtir alguns de seus desejáveis efeitos, entre eles destacamos o fornecimento de substrato fático aos ministros.

A sexta audiência pública está prevista para maio de 2012 e versará sobre o polêmico tema da Lei Seca; como essa pesquisa foi finalizada em 31 de dezembro de 2011 não será possível – por ora – trazer conclusões a seu respeito.

Conclui-se, portanto, que a audiência pública no Supremo Tribunal Federal embora prevista de maneira tímida a partir do momento em que foi utilizada ganhou corpo, crescendo além das diretrizes previstas nas Leis n. 9.868/99 e n. 9.882/99 para alcançar qualquer espécie de processo no âmbito da Corte. Seu regramento não engessou sua realização fixando apenas o conteúdo mínimo e deixando para o ministro que a presidir sanar eventuais omissões. Seu conceito encontra-se em construção, pois a cada audiência pública realizada adotaram-se parâmetros diversos, percebendo em cada uma a produção de diversos efeitos que por ora cataloga-se em diretos e indiretos, sendo os primeiros dependentes exclusivamente da realização da audiência pública e os últimos dependentes da recepção dessa audiência pela sociedade.

Diante de tantos efeitos é evidente e inevitável que haja a produção de efeitos colaterais, como, por exemplo, a produção de pressão popular (como aliás ocorreu em todas audiências públicas realizadas), mas talvez em nenhuma tenha sido tão patente quanto na primeira audiência pública que tratou da Lei de Biossegurança. Foi na ocasião provocada a curiosa situação: a população que não se ateve ao debate e suas premissas reduziu a questão em um simplório embate entre franquear a possibilidade da descoberta da panaceia diante de todas as deficiências humanas ou o simples descarte de "algo". A sociedade recebeu a questão de forma apaixonada e completamente imprudente, forçando explicações de ministros que se "justificaram" tanto diante da mídia não especializada quanto no teor do próprio voto.

Esse efeito colateral poderia ser o fundamento para se levantar contra a audiência pública pensando-a como um instrumento de destruição da lógica do Tribunal, ou seja, transformaria o Tribunal Constitucional em mero mecanismo de decisão democrática majoritária, onde os ministros poderiam ser substituídos por urnas eletrônicas e a sociedade decidiria diretamente a questão. Entretanto, já que a única diferença entre o remédio e o veneno é a dose, a audiência pública também merece o uso com parcimônia, ademais, a pressão popular realizada é ínfima se comparada àquela realizada em silêncio pelos vãos de qualquer Tribunal, e, por isso, mesmo diante desse perigoso efeito colateral a audiência pública ainda se sobressai, pois, ela não cria pressão a ser imposta aos ministros, mas somente pluraliza a pressão que sempre existiu dando voz à sociedade em geral.

REFERÊNCIAS

BUENO, Cassio Scarpinella. *Amicus curiae no processo civil brasileiro*: um terceiro enigmático. São Paulo: Saraiva, 2006.

CARDOSO, José Manoel M. da Costa. *A jurisdição constitucional em Portugal*. 3. ed. Coimbra: Almedina, 2007.

DIAS, Roberto Baptista. Supremo na redoma. *O Estado de S.Paulo*, São Paulo, 12 set. 2010.

FERREIRA FILHO, Manoel Gonçalves. *Curso de direito constitucional*. 31. ed. São Paulo: Saraiva, 2005.

FIGUEIREDO, Lúcia Valle. Instrumentos da administração consensual: audiência pública e sua finalidade. *Revista Eletrônica de Direito Administrativo Econômico – REDAE*, Salvador, Instituto Brasileiro de Direito Público, v. 11, ago./out. 2007. Disponível em: <www. direitodoestado.com.br/redae.asp>. Acesso em: 5 jan. 2011.

HÄBERLE, Peter. El Tribunal Constitucional Federal como modelo de una jurisdicción constitucional autónoma. Tradução de Joaquín Brage Camazano. *Anuario Iberoamericano de Justicia Constitucional*, Madrid, n. 9, p. 113-139, 2005.

HÄBERLE, Peter. *Hermenêutica constitucional*: a sociedade aberta de intérpretes da Constituição: contribuição para a interpretação pluralista e "procedimental" da Constituição. Tradução de Gilmar Ferreira Mendes. Porto Alegre: Sergio Antonio Fabris, 1997.

HÄBERLE, Peter. O recurso de amparo no sistema germânico de justiça constitucional. *Direito Público*, v. 1, n. 2, p. 83-137, out./dez. 2003.

HÄBERLE, Peter. *Pluralismo y constitución*: estudios de teoria constitucional de la sociedad abierta. Tradução de Emilio Milkunda-Franco. Madrid: Tecnos, 2002.

KELSEN, Hans. *Jurisdição constitucional*. São Paulo: Martins Fontes, 2003.

LIMA, Rafael Scavone Bellem de. *A audiência pública realizada na ADI n. 3.510-0*: a organização e o aproveitamento da primeira audiência pública da história do Supremo Tribunal Federal. Orientador: Marcos Paulo Veríssimo. 2008. Monografia (Conclusão do curso) – Sociedade Brasileira de Direito Público, Escola de Formação, 2008. Disponível em: <http://www.sbdp.org.br/arquivos/monografia/125_rafael.pdf>. Acesso em: 10 mar. 2011.

MARTINS, Ives Gandra da Silva; MENDES, Gilmar Ferreira. *Controle concentrado de constitucionalidade*. 3. ed. São Paulo: Saraiva, 2009.

MARTINS, Tahinah Albuquerque. Audiência pública na ação direta de inconstitucionalidade 3510/DF: breves comentários. *Revista do Observatório da Jurisdição Constitucional*, out. 2007. Disponível em: <http://www.portaldeperiodicos.idp.edu.br/index.php/observatorio/article/viewArticle/87/60>.

MENDES, Gilmar Ferreira. *Direitos fundamentais e controle de constitucionalidade*: estudos de direito constitucional. São Paulo: Saraiva, 2004.

MENDES, Gilmar Ferreira. *Jurisdição constitucional*: o controle abstrato de normas no Brasil e na Alemanha. São Paulo: Saraiva, 1996.

MENDES, Gilmar Ferreira; VALE, André Rufino do. O pensamento de Peter Häberle na jurisprudência do Supremo Tribunal Federal. *Revista do Observatório da Jurisdição Constitucional*, 2009. Disponível em: <http://www.portaldeperiodicos.idp.edu.br/index.php/observatorio/article/viewPDFInterstitial/205/173>.

MOREIRA, Diogo R. R. Audiência pública no Supremo Tribunal Federal. 2011. Dissertação. (Mestrado) – Pontifícia Universidade Católica de São Paulo, São Paulo, 2011.

MOREIRA NETO, Diogo de Figueiredo. *Direito de participação política*: legislativa, administrativa, judicial: fundamentos e técnicas constitucionais de legitimidade. Rio de Janeiro: Renovar, 1992.

RAMOS, Dircêo Torrecillas. *O controle de constitucionalidade por via de ação*. São Paulo: WVC, 1998.

RAMOS, Elival da Silva. *Parâmetros dogmáticos do ativismo judicial em matéria constitucional*. Tese – Faculdade de Direito da Universidade de São Paulo, São Paulo, 2009. Concurso de professor titular.

ROCHA, José de Albuquerque. *Estudos sobre o Poder Judiciário*. São Paulo: Malheiros, 1995.

SILVA, José Afonso da. *Curso de direito constitucional positivo*. 30. ed. São Paulo: Malheiros, 2008.

SILVA, José Afonso da. El proceso constitucional. *In*: BAZÁN, Víctor (Org.). *Defensa de la constitución*: garantismo y controles. Buenos Aires: Ediar, 2003.

SILVA, Luiz Fernando Martins da. *Amicus Curiae*: direito e ação afirmativa. *Revista Jurídica*. Brasília, v. 7, n. 76, dez./jan. 2005/2006. Disponível em: <https://www.planalto.gov.br/ccivil_03/revista/revistajuridica/index.htm>.

SOARES, Evanna. A audiência pública no processo administrativo brasileiro. *Revista de Direito Administrativo*, Rio de Janeiro, n. 229, p. 259-283, jul./set. 2002.

TAVARES, André Ramos. *Curso de direito constitucional*. 8. ed. São Paulo: Saraiva, 2010.

TAVARES, André Ramos. *Fronteiras da hermenêutica constitucional*. São Paulo: Método, 2006. v. 1. (Coleção Professor Gilmar Mendes).

TAVARES, André Ramos. *Teoria da justiça constitucional*. São Paulo: Saraiva, 2005.

TORRES, Marisol Peña. *Las audiencias públicas en los procedimientos de inconstitucionalidad de la ley*: la experiencia del Tribunal Constitucional de Chile. Disponível em: <http://www.venice.coe.int/WCCJ/Rio/Papers/CHI_Penna%20Torres_ESP.pdf>. Acesso em: 10 jan. 2011. Artigo submetido a II Conferencia Mundial de Justiça Constitucional.

VELLOSO, Carlos Mário da Silva; AGRA, Walber de Moura. *Elementos de direito eleitoral*. 2. ed. São Paulo: Saraiva, 2010.

VIEIRA, José Ribas (Coord.). *Perspectivas da teoria constitucional contemporânea*. Rio de Janeiro: Lumen Juris, 2007.

ANEXOS

ANEXO A

Primeira audiência pública: Lei de Biossegurança

Data do despacho que convoca a Audiência Pública: 19 de dezembro de 2006
Decisão: Vistos, etc. Cuida-se de ação direta de inconstitucionalidade, proposta pelo Procurador Geral da República, tendo por alvo o artigo 5º e parágrafos da Lei n. 11.105, de 24 de março de 2005. Ação pela qual o Chefe do *Parquet* Federal sustenta que os dispositivos impugnados contrariam "a inviolabilidade do direito à vida, porque o embrião humano é vida humana, e faz ruir fundamento maior do Estado democrático de direito, que radica na preservação da dignidade da pessoa humana" (fls. 12). Argumenta, ainda, que: a) a vida humana se dá a partir da fecundação, desenvolvendo-se continuamente; b) o zigoto, constituído por uma única célula, é um "ser humano embrionário"; c) é no momento da fecundação que a mulher engravida, acolhendo o zigoto e lhe propiciando um ambiente próprio para o seu desenvolvimento; d) a pesquisa com células-tronco adultas é, objetiva e certamente, mais promissora do que a pesquisa com células-tronco embrionárias. 3. A seu turno, e em sede de informações (fls. 82/115), o Presidente da República defende a constitucionalidade do texto impugnado. Isto por entender que, "com fulcro no direito à saúde e no direito de livre expressão da atividade científica, a permissão para utilização de material embrionário, em vias de descarte, para fins de pesquisa e terapia, consubstanciam-se em valores amparados constitucionalmente" (*sic*, fls. 115). A mesma conclusão, aliás, a que chegou o Congresso Nacional (fls. 221/245). 4. Daqui se deduz que a matéria veiculada nesta ação se orna de saliente importância, por suscitar numerosos questionamentos e múltiplos entendimentos a respeito da tutela do direito à vida. Tudo a justificar a realização de audiência pública, a teor do §1º do artigo 9º da Lei n. 9.868/99. Audiência, que, além de subsidiar os Ministros deste Supremo Tribunal Federal, também possibilitará uma maior participação da sociedade civil no enfrentamento da controvérsia constitucional, o que certamente legitimará ainda mais a decisão a ser tomada pelo Plenário desta nossa colenda Corte. 5. Esse o quadro, determino: a) a realização de audiência pública, em data a ser oportunamente fixada (§1º do artigo 9º da Lei n. 9.868/99); b) a intimação do autor para apresentação, no prazo de

15 (quinze) dias, do endereço completo dos expertos relacionados às fls. 14; c) a intimação dos requeridos e dos interessados para indicação, no prazo de 15 (quinze) dias, de pessoas com autoridade e experiência na matéria, a fim de que sejam ouvidas na precitada sessão pública. Indicação, essa, que deverá ser acompanhada da qualificação completa dos expertos. Publique-se. Brasília, 19 de dezembro de 2006.

Despacho de esclarecimentos e adoção de regulamento da Câmara
    Decisão: Vistos, etc. Ante a saliente importância da matéria que subjaz a esta ação direta de inconstitucionalidade, designei audiência pública para o depoimento de pessoas com reconhecida autoridade e experiência no tema (§1º do artigo 9º da Lei n. 9.868/99). Na mesma oportunidade, determinei a intimação do autor, dos requeridos e dos interessados para que apresentassem a relação e a qualificação dos especialistas a ser pessoalmente ouvidos. 2. Pois bem, como fiz questão de realçar na decisão de fls. 448/449, "a audiência pública, além de subsidiar os Ministros deste Supremo Tribunal Federal, também possibilitará uma maior participação da sociedade civil no enfrentamento da controvérsia constitucional, o que certamente legitimará ainda mais a decisão a ser tomada pelo Plenário desta nossa colenda Corte". Sem embargo, e conquanto haja previsão legal para a designação desse tipo de audiência pública (§1º do artigo 9º da Lei n. 9.868/99), não há, no âmbito desta nossa Corte de Justiça, norma regimental dispondo sobre o procedimento a ser especificamente observado. 3. Diante dessa carência normativa, cumpre-me aceder a um parâmetro objetivo do procedimento de oitiva dos expertos sobre a matéria de fato da presente ação. E esse parâmetro não é outro senão o Regimento Interno da Câmara dos Deputados, no qual se encontram dispositivos que tratam da realização, justamente, de audiências públicas (artigos 255 *usque* 258 do RI/CD). Logo, são esses os textos normativos de que me valerei para presidir os trabalhos da audiência pública a que me propus. Audiência coletiva, realce-se, prestigiada pela própria Constituição Federal em mais de uma passagem, como *verbi gratia*, o inciso II do §2º do artigo 58, cuja dicção é esta: "artigo 58. O Congresso Nacional e suas Casas terão comissões permanentes e temporárias, constituídas na forma e com as atribuições previstas no respectivo regimento ou no ato de que resultar sua criação. (...) §2º. Às comissões, em razão da matéria de sua competência, cabe: (...) II – realizar audiências públicas com entidades da sociedade civil; (...)" 4. Esse o quadro, fixo para o dia 20.04.2007, das 9h às 12h e das 15h às 19h, no auditório da 1ª Turma deste Supremo Tribunal Federal, a realização da audiência pública já designada às fls. 448/449. Determino, ainda: a) a expedição de ofício aos Excelentíssimos Ministros deste Supremo Tribunal Federal, convidando-os para participar da referida assentada; b) a intimação do autor, dos requeridos e dos *amici curiarum*, informando-lhes sobre o local, a data e o horário de realização da multicitada audiência; c) a expedição de convites aos especialistas abaixo relacionados: c.1. Mayana Zatz, Rua do Matão, 277, Sala 211, Cidade Universitária, Bairro Butantã, São Paulo-SP, CEP 05.508-090; c.2. Lygia V. Pereira, Rua do Matão, 277, Sala 211, Cidade Universitária, Bairro Butantã, São Paulo-SP, CEP 05.508-090; c.3. Rosália Mendes Otero, Avenida

ANEXO A
PRIMEIRA AUDIÊNCIA PÚBLICA: LEI DE BIOSSEGURANÇA

Rui Barbosa, 480, Ap. 601, Flamengo, Rio de Janeiro-RJ, CEP 22.250-020; c.4. Stevens Rehen, Universidade Federal do Rio de Janeiro, Bloco "F", Ilha do Fundão, Rio de Janeiro, CEP 21.941-590; c.5. Antonio Carlos Campos de Carvalho, Rua General Glicério, 355, Ap. 602, Laranjeiras, Rio de Janeiro-RJ, CEP 22.245-120; c.6. Luiz Eugenio Araújo de Moraes Mello, Rua Álvares Florence, 161, Bairro Butantã, São Paulo-SP, CEP 05.502-060; c.7. Drauzio Varella, Rua Joaquim Floriano, 72, Conjunto 72, São Paulo-SP, CEP 04.534-000; c.8. Oscar Vilhena Vieira, Rua Pamplona, 1197, Casa 04, Jardim Paulista, São Paulo-SP; c.9. Milena Botelho Pereira Soares, Rua Waldemar Falcão, 121, Candeal, Salvador-BA, CEP 40.296-710; c.10. Ricardo Ribeiro dos Santos, Rua Waldemar Falcão, 121, Candeal, Salvador-BA, CEP 40.296-710; c.11. Esper Abrão Cavalheiro, Rua Botucatu, 862, Ed. José Leal Prado, Vila Clementino, São Paulo-SP, CEP 04.023-900; c.12. Marco Antonio Zago, Faculdade de Medicina de Ribeirão Preto, Ribeirão Preto-SP, CEP 14.049-900; c.13. Moisés Goldbaum, Avenida Dr. Arnaldo, 455, 2º andar, Sala 2255, Cerqueira César, São Paulo-SP, CEP 01.246-903 c.14. Patrícia Helena Lucas Pranke, Avenida Ipiranga, 2752, Sala 305, Santana, Porto Alegre-RS, CEP 90.610-000; c.15. Radovan Borojevic, Avenida Pau Brasil s/n., CCS, Bloco "F", Ilha do Fundão, Rio de Janeiro-RJ, CEP 21.941-970; c.16. Tarcisio Eloy Pessoa de Barros Filho, Rua Dr. Ovídio Pires de Campos, 333, 3º andar, Sala 302, Cerqueira César, São Paulo-SP, 05.403-010; c.17. Débora Diniz, Caixa Postal 8011, Setor Sudoeste, Brasília-DF, CEP 70.673-970. Às Secretarias Judiciária e das Sessões para as providências cabíveis. Publique-se. Brasília, 16 de março de 2007. Ministro CARLOS AYRES BRITTO (ADI 3510, Relator(a): Min. CARLOS BRITTO, julgado em 16/03/2007, publicado em DJ 30/03/2007 PP-00098 RTJ VOL-00200-01 PP-00282)

Relatório do acórdão (trecho que menciona a audiência)

7. Não é tudo. Convencido de que a matéria centralmente versada nesta ação direta de inconstitucionalidade é de tal relevância social que passa a dizer respeito a toda a humanidade, *determinei a realização de audiência pública*, esse notável mecanismo constitucional de democracia direta ou participativa. O que fiz por provocação do mesmíssimo professor Cláudio Fonteles e com base no §1º do artigo 9º da Lei n. 9.868/99, mesmo sabendo que se tratava de experiência inédita em toda a trajetória deste Supremo Tribunal Federal. Dando-se que, no dia e local adrede marcados, 22 (vinte e duas) das mais acatadas autoridades científicas brasileiras subiram à tribuna para discorrer sobre os temas *agitados* nas peças jurídicas de origem e desenvolvimento da ação constitucional que nos cabe julgar. Do que foi lavrada a extensa ata de fls., devidamente reproduzida para o conhecimento dos senhores ministros desta nossa Corte Constitucional e Suprema Instância Judiciária. Reprodução que se fez acompanhar da gravação de sons e imagens de todo o desenrolar da audiência, cuja duração foi em torno de 8 horas.

8. Pois bem, da reprodução gráfica, auditiva e visual dessa tão alongada quanto substanciosa audiência pública, o que afinal se percebe é a configuração de duas nítidas correntes de opinião. Correntes que assim me parecem delineadas:

I – uma, deixando de reconhecer às células-tronco embrionárias virtualidades, ao menos para fins de terapia humana, superiores às das células-tronco adultas. Mesma corrente que atribui ao embrião uma progressiva função de *autoconstitutividade* que o torna protagonista central do seu processo de hominização, se comparado com o útero feminino (cujo papel é de coadjuvante, na condição de *habitat*, ninho ou ambiente daquele, além de fonte supridora de alimento). Argumentando, sobre mais, que a retirada das células-tronco de um determinado embrião *in vitro* destrói a unidade, o personalizado conjunto celular em que ele consiste. O que já corresponde à prática de um mal disfarçado aborto, pois até mesmo no produto da concepção em laboratório já existe uma criatura ou organismo humano que é de ser visto como se fosse aquele que surge e se desenvolve no corpo da mulher gestante. Criatura ou organismo, ressalte-se, que não irrompe como um simples projeto ou uma mera promessa de pessoa humana, somente existente de fato quando ultimados, com êxito, os trabalhos de parto. Não! Para esse bloco de pensamento (estou a interpretá-lo), a pessoa humana é mais que individualidade protraída ou adiada para o marco factual do parto feminino. A pessoa humana em sua individualidade genética e especificidade ôntica já existe no próprio instante da fecundação de um óvulo feminino por um espermatozoide masculino. Coincidindo, então, concepção e personalidade (qualidade de quem é pessoa), pouco importando o processo em que tal concepção ocorra: se artificial ou *in vitro*, se natural ou *in vida*. O que se diferencia em tema de configuração da pessoa humana é tão somente uma quadra existencial da outra. Isto porque a primeira quadra se inicia com a concepção e dura enquanto durar a gestação feminina, compreendida esta como um processo contínuo, porque abrangente de todas as fases de vida humana pré-natal. A segunda quadra, a começar quando termina o parto (desde que realizado com êxito, já dissemos, porque aí já se tem um ser humano *nativivo*). Mas em ambos os estádios ou etapas do processo a pessoa humana já existe e é merecedora da mesma atenção, da mesma reverência, da mesma proteção jurídica. Numa síntese, a ideia do zigoto ou óvulo feminino já fecundado como simples embrião de uma pessoa humana é reducionista, porque o certo mesmo é vê-lo como um ser humano embrionário. Uma pessoa no seu estádio de embrião, portanto, e não um embrião a caminho de ser pessoa.

II – a outra corrente de opinião é a que investe, entusiasticamente, nos experimentos científicos com células-tronco extraídas ou retiradas de embriões humanos. Células tidas como de maior plasticidade ou superior versatilidade para se transformar em todos ou quase todos os tecidos humanos, substituindo-os ou regenerando-os nos respectivos órgãos e sistemas. Espécie de apogeu da investigação biológica e da terapia humana, descortinando um futuro de intenso brilho para os justos anseios de qualidade e duração da vida humana. Bloco de pensamento que não padece de dores morais ou de incômodos de consciência, porque, para ele, o embrião *in vitro* é uma realidade do mundo do ser, algo vivo, sim, que se põe como o lógico início da vida humana, mas nem em tudo e por tudo igual ao embrião que irrompe e evolui nas entranhas de uma mulher. Sendo que mesmo a evolução desse último tipo de embrião ou zigoto para o estado de feto somente alcança a dimensão das incipientes características físicas e neurais da pessoa humana com a meticulosa colaboração do útero e do tempo. Não no instante puro e simples da concepção, abruptamente, mas por uma engenhosa metamorfose ou *laboriosa parceria* do embrião, do útero e do correr dos dias. O útero passando a liderar todo o complexo processo de gradual conformação de uma nova individualidade antropomórfica, com seus desdobramentos ético-espirituais; valendo-se ele, útero feminino (é a Leitura que faço nas entrelinhas das explanações em foco), de sua tão mais antiga quanto insondável experiência afetivo-racional com o cérebro da gestante. Quiçá com o próprio cosmo, que subjacente à cientificidade das observações acerca do papel de liderança do útero materno transparece como que uma aura de exaltação da mulher – e principalmente da mulher-mãe ou em vias de sê-lo – como portadora de um sexto sentido existencial já situado nos domínios do inefável ou do indizível. Domínios que a própria Ciência parece condenada a nem confirmar, nem desconfirmar, porque já pertencentes àquela esfera ôntica de que o gênio de William Shakespeare procurou dar conta com a célebre sentença de que "Entre o céu e a terra há muito mais coisa do que supõe a nossa vã filosofia" (Hamlet, anos de 1600/1601, Ato I, Cena V).

9. Para ilustrar melhor essa dicotomia de visão dos temas que nos cabe examinar à luz do Direito, especialmente do Direito Constitucional brasileiro, transcrevo parte da explanação de duas das referidas autoridades que pessoalmente assomaram à tribuna por ocasião da sobredita audiência pública: a Dra. *Mayana Zatz*, professora de genética da Universidade de São Paulo, e a Dra. *Lenise Aparecida Martins Garcia*, professora do Departamento de Biologia Celular da Universidade de Brasília. Disse a primeira cientista: *"Pesquisar células embrionárias obtidas de embriões congelados não é aborto. É muito importante que isso fique bem claro. No aborto, temos uma vida no útero que só será interrompida por intervenção humana, enquanto que, no embrião congelado, não há vida se não houver intervenção humana. É preciso haver intervenção humana para a formação do embrião, porque aquele casal não conseguiu ter um embrião por fertilização natural e também para inserir no útero. E esses embriões nunca serão inseridos no útero. É muito importante que se entenda a diferença".*

10. Já a Dra. Lenise Garcia, são de Sua Excelência as seguintes palavras: *"Nosso grupo traz o embasamento científico para afirmarmos que a vida humana começa na fecundação, tal como está colocado na solicitação da Procuradoria. (...) Já estão definidas, aí, as características genéticas desse indivíduo; já está definido se é homem ou mulher nesse primeiro momento (...). Tudo já está definido, neste primeiro momento da fecundação. Já estão definidas eventuais doenças genéticas (...). Também já estarão aí as tendências herdadas: o dom para a música, pintura, poesia. Tudo já está ali na primeira célula formada. O zigoto de Mozart já tinha dom para a música e Drummond, para a poesia. Tudo já está lá. É um ser humano irrepetível".*

11. À derradeira, confirmo o que já estava suposto na marcação da audiência em que este Supremo Tribunal Federal abriu suas portas para dialogar com cientistas não pertencentes à área jurídica: o tema central da presente ADIn é salientemente multidisciplinar, na medida em que objeto de estudo de numerosos setores do saber humano formal, como o Direito, a filosofia, a religião, a ética, a antropologia e as ciências médicas e biológicas, notadamente

a genética e a embriologia; suscitando, vimos, debates tão subjetivamente empenhados quanto objetivamente valiosos, porém de conclusões descoincidentes não só de um para outro ramo de conhecimento como no próprio interior de cada um deles. Mas debates vocalizados, registre-se, em arejada atmosfera de urbanidade *e uníssono reconhecimento da intrínseca dignidade da vida em qualquer dos seus estádios*. Inequívoca demonstração da unidade de formação humanitária de todos quantos acorreram ao chamamento deste Supremo Tribunal Federal para colaborar na prolação de um julgado que, seja qual for o seu conteúdo, se revestirá de caráter histórico. Isto pela envergadura multiplamente constitucional do tema e seu mais vivo interesse pelos meios científicos de todo o mundo, desde 1998, ano em que a equipe do biólogo norte-americano James Thomson isolou pela primeira vez células-tronco embrionárias, conseguindo cultivá-las em laboratório.

12. É o relatório.

ANEXO B

Segunda audiência pública: Importação de pneus usados

Especialistas que defenderam suas teses na audiência pública do dia 27 de junho de 2008:[1]
1) Dra. Zilda Veloso
2) Dr. Francisco Simeão
3) Dra. Zuleica Nycs e Embaixador Evandro de Sampaio Didonet
4) Dr. Victor Hugo Burko
5) Ministro Carlos Minc e Dr. Welber Barral
6) Dr. Emanuel Roberto de Nora Serra
7) Dr. Haroldo Bezerra
8) Dr. Ricardo Alípio da Costa e Dr. Paulo Janissek

Especialistas indicados que participarão do sorteio na audiência pública:
- Contrários à importação de pneus usados e remoldados:
  a) Pela Procuradoria Federal Especializada do IBAMA: Dra. Zilda Maria Faria Veloso.
  b) Pela ANIP: Dr. Eugênio Deliberato.
  c) Pela Conectas Direitos Humanos, Justiça Global e APROMAC: Dra. Zuleica Nycs.
- Favoráveis à importação de pneus usados e remoldados
  a) Pela ABIP: Dr. Vitor Hugo Burko.
  b) Pela ABR: Dr. Ricardo Alípio da Costa.
  c) Pela BS Colway Pneus Ltda.: Dr. Francisco Simeão Rodrigues Neto.
  d) Pela Pneuback: Dr. Emanuel Roberto de Nora Serra.
  e) Pela Pneus Hauer Brasil Ltda.: Dr. Francisco Simeão Rodrigues Neto (também indicado pela BS Colway).
  f) Pela Tal Remoldagem de Pneus Ltda.: Dr. Paulo Janissek.

---

[1] Números ímpares defenderam a tese contrária à importação de pneus usados e, por óbvio, números pares defenderam a tese favorável à importação dos pneus usados.

Pela Procuradoria Geral da República: Dr. Mário José Gisi

Especialistas indicados para participar da audiência pública
Pelo Presidente da República:
- Carlos Minc Baumfeld, Ministro de Estado do Meio Ambiente; Professor Doutor, concursado e licenciado do Departamento de Geografia (UFRJ);
- Adriana Sobral Barbosa Mandarino, Assessora do Serviço Florestal Brasileiro; Mestre em Meio Ambiente e Desenvolvimento (UnB);
- Roberto Carvalho de Azevêdo, Embaixador, Subsecretário Geral de Assuntos Econômicos e Tecnológicos do Ministério das Relações Exteriores;
- Evandro de Sampaio Didonet, Ministro, Diretor do Departamento de Negociações Internacionais do Ministério das Relações Exteriores, Mestre em Administração de Empresas (Webster Universitu, EUA);
- Carlos Márcio Bicalho Cozendey, Ministro, Diretor do Departamento Econômico do Ministério das Relações Exteriores, Mestre em Relações Internacionais (UnB);
- Welber de Oliveira Barral, Secretário de Comércio Exterior do Ministério do Desenvolvimento, Indústria e Comércio Exterior, Mestre em Relações Internacionais (UFSC), Doutor em Direito Internacional (USP), Pós-Doutor pela Georgetown University (Washington-DC, EUA);
- Augusto César Pinto de Sá Barreto, Coordenador Geral Agropecuário e Básico da Secretaria de comércio Exterior do Ministério do Desenvolvimento, Indústria e Comércio Exterior;
- Fernando Ferreira Carneiro, Coordenador Geral de Vigilância Ambiental em Saúde do Ministério da Saúde, Doutor em Epidemiologia (UFMG) e Mestre em Ciências da Saúde (México);
- Haroldo Sérgio da Silva Bezerra, Assessor Técnico da Coordenação de Controle da Dengue da Secretaria de Vigilância em Saúde do Ministério da Saúde, Mestre em Patologia (UFCE).

Pela Procuradoria Federal Especializada do IBAMA:
- Zilda Maria Faria Veloso, Coordenadora Geral de Gestão da Qualidade Ambiental, Diretoria de Qualidade Ambiental do IBAMA.

Pela ABIP – Associação Brasileira da Indústria de Pneus Remoldados:
- Vitor Hugo Burko, engenheiro, Presidente do IAP – Instituto Ambiental do Paraná, que "fará a descrição da atuação do setor de reforma de pneus no Paraná; representou ganho ambiental, com impactos positivos na área da saúde pública, inclusão social e desenvolvimento econômico";
- Francisco Simeão Rodrigues Neto, ex-Secretário de Estado da Indústria e Comércio do Paraná, ex-Vice Presidente da FIEP – Federação das Indústrias do Estado do Paraná e Presidente da ABIP: fará

exposição sobre as questões ambientais, de saúde pública, econômica, mercado de trabalho e técnica da atividade de remoldagem de pneus, que demonstram ser indispensável a importação de matéria-prima e que resulta em ganho ambiental e redução de resíduos de pneus inservíveis.

Pela ABR – Associação Brasileira do Seguimento de Reforma de Pneus:
- Ricardo Alípio da Costa, Mestre em Gestão de Resíduos, especialista em Direito e Negócios Internacionais (UFSC), defenderá "a tese de que as empresas de reforma de pneus nacionais necessitam importar carcaças de pneus para utilização como matéria-prima para a manutenção e desenvolvimento das 1.600 pequenas, médias e micro empresas do setor e, consequentemente, dos mais de 40.000 empregos diretos que elas oferecem".

Pela ANIP – Associação Nacional da Indústria de Pneumáticos Ltda.:
- Cláudio Guedes: logística e atividade pós-consumo;
- Eduardo Martins: meio ambiente;
- Eugênio Deliberato: aspectos econômicos e mercadológicos.

Pela BS Colway Pneus Ltda.:
- Francisco Simeão Rodrigues Neto (já qualificado).

Pela Conectas Direitos Humanos, Justiça Global e Associação de Proteção ao Meio Ambiente de Cianorte – APROMAC:
- Zuleica Nycs, ambientalista, conselheira do CONAMA e membro da APROMAC, em defesa da proibição da importação de pneus usados e remoldados, nos termos da tese do Arguente;
- Marina Silva, senadora, ambientalista, em defesa da proibição da importação de pneus usados e remoldados, nos termos da tese do Arguente.

Pela Pneuback Indústria e Comércio Ltda.:
- Emanuel Roberto de Nora Serra, advogado, especialista na área ambiental, cuja tese "dirá respeito ao passivo ambiental debitável, com exclusividade, às indústrias de pneus novos. Consequentemente, a tese exibirá que o magno preceito fundamental há de envolver o meio ambiente e não as meras importações de matéria-prima para a indústria de remoldados".

Pela Pneus Hauer Brasil Ltda.
- Francisco Simeão Rodrigues Neto – (já qualificado).

Pela Tal Remoldagem de Pneus Ltda.
- Ricardo Alípio da Costa, Mestre em Gestão ambiental, com trabalho na área de importação de pneus usados e seus impactos no meio

ambiente. Defenderá a tese da "necessidade de importação de pneus usados para uso como matéria-prima, tendo em vista a comprovada inexistência desse produto, em qualidade imprescindível para reforma, e, ainda, que a importação, desde que atendida a Resolução n. 258/99, do CONAMA, não agride ao meio ambiente. Ao contrário, é benéfica";

- Paulo Janissek, Doutor em Gestão de Resíduos, professor do Centro Universitário Positivo – UNICENP – especialista em destinação de bens inservíveis. Defenderá a tese da "destinação ambientalmente correta de resíduos inservíveis, especialmente de pneus, e sua comprovação de não agressão ao meio ambiente".

Legislação correlata
- Decreto n. 875, de 19.7.1993.
- Decreto n. 922, de 10.9.1993.
- Decreto n. 3.179, de 21.9.1999.
- Decreto n. 3.919, de 14.9.2001.
- Decreto n. 4.581, de 27.1.2003.
- Decreto n. 4.592, de 11.2.2003.
- Decreto n. 4.982, de 9.2.2004 (Promulga o Protocolo de Olivos para a Solução de Controvérsias no Mercosul).
- Decreto n. 5.360, de 31.1.2005.
- Decreto n. 6.514, de 22.7.2008.
- Decreto Legislativo n. 34, de 16.6.1992 (Aprova o texto da Convenção sobre Controle de Movimentos Transfronteiriços de Resíduos Perigosos e sua Eliminação).
- Portaria do Departamento de Comércio Exterior – DECEX n. 8, de 13.5.1991.
- Portaria do Departamento de Comércio Exterior – DECEX n. 1, de 9.1.1992.
- Portaria do Departamento de Comércio Exterior – DECEX n. 18, de 13.7.1992.
- Portaria da Secretaria de Comércio Exterior – SECEX n. 2, de 8.3.2002.
- Portaria da Secretaria de Comércio Exterior – SECEX n. 17, de 1º.12.2003.
- Portaria da Secretaria de Comércio Exterior – SECEX n. 14, de 17.11.2004.
- Portaria da Secretaria de Comércio Exterior – SECEX n. 35, de 24.11.2006.
- Portaria da Secretaria de Comércio Exterior – SECEX n. 36, de 22.11.2007.
- Resolução do Conselho Nacional do Meio Ambiente – CONAMA n. 23, de 12.12.1996.
- Resolução do Conselho Nacional do Meio Ambiente – CONAMA n. 235, de 7.1.1998.
- Resolução do Conselho Nacional do Meio Ambiente – CONAMA n. 258, de 26.8.1999.

- Resolução do Conselho Nacional do Meio Ambiente – CONAMA n. 301, de 21.3.2002.
- Tratado de Assunção.
- Protocolo de Ouro Preto, de 17.12.1994.

Memoriais
- ABIP – Associação Brasileira da Indústria de Pneus Remoldados.
- ABIP – Associação Brasileira da Indústria de Pneus Remoldados – Memorial 2.
- ABR – Associação Brasileira do Seguimento de Reforma de Pneus.
- ABR – Associação Brasileira do Seguimento de Reforma de Pneus – Memorial 2.
- ANIP – Associação Nacional da Indústria de Pneumáticos.
- Conectas Direitos Humanos, Justiça Global e Associação de Proteção ao Meio Ambiente de Cianorte – APROMAC.
- IBAMA – Instituto Brasileiro do Meio Ambiente e dos Recursos Naturais Renováveis.
- PNEUBACK – Indústria e Comércio de Pneus Ltda.

Diversos
- Convenção da Basileia.
- Laudo do Tribunal Arbitral *ad hoc* do Mercosul.
- Ministério das Relações Internacionais – documentos referentes ao contencioso na Organização Mundial do Comércio (OMC) sobre a proibição brasileira à importação de pneus reformados.
- Organização Mundial do Comércio – Relatório – medidas que afetam a importação de pneus usados (inglês).
- Painel da Organização Mundial do Comércio (inglês).
- Primeira Petição do Brasil perante a Organização Mundial do Comércio.
- Segunda Petição do Brasil perante a Organização Mundial do Comércio.

ANEXO C

Terceira audiência pública: Interrupção da gravidez
de fetos anencéfalos

Instituições e especialistas inscritos na audiência pública:
26 de agosto de 2008 (terça-feira)

1. Conferência Nacional dos Bispos do Brasil – CNBB
Representante: Padre Luiz Antônio Bento
Currículo: Doutor em Bioética pela Universidade Lateranense e Academia Alfonsiana de Roma; Assessor Nacional da Comissão Episcopal para a Vida e a Família da CNBB; Autor do livro Bioética. Desafios éticos no debate contemporâneo. São Paulo, Paulinas, 2008.
Representante: Dr. Paulo Silveira Martins Leão Junior
Currículo: Procurador do Estado do Rio de Janeiro; Presidente da União dos Juristas Católicos da Arquidiocese do Rio de Janeiro. Vem trabalhando há anos em temas de bioética e biodireito.

2. Igreja Universal
Representante: Bispo Carlos Macedo de Oliveira

3. Associação Nacional Pró-Vida e Pró-Família
Representante: Dr. Rodolfo Acatauassú Nunes
Currículo: Professor Adjunto do Departamento de Cirurgia Geral da Faculdade de Ciências Médicas da Universidade do Estado do Rio de Janeiro; Mestre e Doutor em Medicina pela Universidade Federal do Rio de Janeiro; Livre-Docente pela Universidade Federal do Estado do Rio de Janeiro.

4. Católicas pelo Direito de Decidir
Representante: Maria José Fontelas Rosado Nunes
Currículo: Socióloga; Doutora pela École des Hautes em Sciences Sociales, Paris (1991); Mestra em Ciências Sociais pela PUC/SP (1984) e pela Université Catholique, Louvain-La-Neuve, Bélgica (1986). Professora da Pontifícia Universidade Católica de São Paulo, pesquisadora CNPq e Membro dos Conselhos do NEMGE/USP e da Revista de Estudos Feministas, dentre vários outros; Autora de artigos e capítulos de livros em obras nacionais e internacionais, algumas das quais receberam prêmios, como o da UNESCO (1995), Jabuti e Casa Grande &

Senzala (1998). Seu campo de interesse é o cruzamento das questões de gênero e religião. Fundou e dirige a ONG Católicas pelo Direito de Decidir. Em 2005, foi indicada pela Associação Mil Mulheres pela Paz, juntamente com outras 51 brasileiras, para receber coletivamente o prêmio Nobel da Paz.

5. Associação Médico-Espírita do Brasil – AME

Representante: Marlene Rossi Severino Nobre

Currículo: Médica ginecologista aposentada; Especialista em prevenção do câncer; participou de inúmeros seminários e estágios na área médica, inclusive estágios nos Hospitais Broca e Boucicault, em Paris, e curso de formação em Psicoterapia no Instituto de Psiquiatria e Psicoterapia da Infância e Adolescência (PPIA), Dra. Amélia Thereza de Moura Vasconcellos, em São Paulo. Ex-Diretora do Posto de Assistência Médica (PAM) do INAMPS, da Várzea do Carmo, em São Paulo, bem como Chefe do Serviço de Clínicas e Chefe do Serviço de Patologia Clínica desse mesmo PAM. Preside atualmente a Associação Médico-Espírita Internacional (AME-Int) e a Associação Médico-Espírita do Brasil. Tem participado de inúmeros congressos nacionais e internacionais.

28 de agosto de 2008 (quinta-feira)

1. Conselho Federal de Medicina

Representante: Doutor Roberto Luiz D'Ávila

Currículo: Médico Cardiologista; Coordenador da Câmara sobre Terminalidade da Vida e Cuidados Paliativos; Conselheiro do Conselho Regional de Medicina do Estado de Santa Catarina e do Conselho Federal de Medicina; Ex-Presidente do Conselho Regional de Medicina do Estado de Santa Catarina; 1º Vice-Presidente do Conselho Federal de Medicina; Membro do Grupo de Trabalho do Ministério da Saúde sobre Morte Súbita; Mestre em Neurociências e Comportamento; Professor Adjunto da UFSC; Coordenador da Câmara Técnica de Informática em Saúde; doutorando em Medicina/Bioética pela Universidade do Porto/Portugal.

2. Federação Brasileira das Associações de Ginecologia e Obstetrícia

Representante: Professor Doutor Jorge Andalaft Neto

Currículo: Professor Titular de Obstetrícia e Ginecologia da Universidade de Santo Amaro; Mestre e Doutor em Obstetrícia pela Unifesp – Escola Paulista de Medicina; Membro da Comissão Nacional de Aborto Previsto em Lei da Febrasgo.

3. Sociedade Brasileira de Medicina Fetal

Representante: Não indicado até o momento.

4. Sociedade Brasileira de Genética Médica

Representante: Professor Doutor Salmo Raskin

Currículo: Médico pediatra e geneticista; Presidente da Sociedade Brasileira de Genética Médica; Especialista em Genética Molecular (DNA) pela Universidade de Vanderbilt, Nashville (EUA); Especialista em Genética Clínica pela Sociedade Brasileira de Genética Médica; habilitação em Genética Clínica Molecular pela Sociedade Brasileira de Genética Médica; Doutor em Genética pela Universidade Federal do Paraná; Autor de artigos científicos publicados em periódicos médicos internacionais; Autor de livro sobre o Teste de Paternidade por DNA; Professor adjunto de Medicina; Professor de pós-graduação e coordenador do curso de especialização em Genética Humana da PUC/PR; Professor adjunto do Curso de Medicina da Unicemp; Professor adjunto do Curso de Medicina da Faculdade Evangélica do Paraná (Fepar); Médico geneticista dos hospitais Nossa Senhora das Graças, Pequeno Príncipe e Evangélico, de Curitiba-PR; um dos 10 cientistas brasileiros que integram, desde sua fundação, o Projeto Genoma Humano da *HUGO – Human Genome Organization* – órgão internacional de pesquisa do genoma humano.

5. Sociedade Brasileira para o Progresso da Ciência
Representante: Doutor Thomaz Rafael Gollop
Currículo: Ginecologista e Obstetra do Hospital Israelita Albert Einstein; Coordenador do Serviço de Cirurgia do Assoalho Pélvico (Minimamente Invasiva) do Hospital Pérola Byington – SUS/SP; Professor Livre Docente em Genética Médica-USP – São Paulo/SP; Professor da disciplina de Ginecologia na Faculdade de Medina de Jundiaí – SP;

6. Deputado Federal José Aristodemo Pinotti
Currículo: Deputado Federal; Professor Titular por concurso emérito da USP e da Unicamp; Membro da Academia Nacional de Medicina, cadeira 22; Ex-Secretário de Educação (1986-1987) e de Saúde (1987-1991) do Estado e também do Município de São Paulo; Presidente da Federação Internacional de Ginecologia e Obstetrícia (1986-1992); Assessor da OMS para Assuntos de Saúde da Mulher desde 1993 e Reitor da Unicamp (1982-1986).

7. Deputado Federal Luiz Bassuma
Currículo: Engenheiro de Petróleo pela Universidade Federal do Paraná; Ex-Vereador da cidade de Salvador; Deputado Estadual da Bahia pelo Partido dos Trabalhadores. Está no 2º mandato de Deputado Federal pelo PT. Dedica-se às questões relacionadas com a energia, defesa do consumidor; Presidente da Frente Parlamentar em Defesa da Vida – Contra o Aborto.

8. Professora Lenise Aparecida Martins Garcia
Currículo: Professora titular do Departamento de Biologia Molecular da Universidade de Brasília; Presidente do Movimento Nacional da Cidadania em Defesa da Vida – Brasil Sem Aborto.

9. Instituto de Bioética, Direitos Humanos e Gênero – ANIS
Representante: Débora Diniz
Currículo: Antropóloga; Doutora em Antropologia; Pós-doutora em Bioética; Professora da Universidade de Brasília; Pesquisadora da organização não governamental Anis – Instituto de Bioética Direitos Humanos e Gênero e compõe a diretoria da Associação Internacional de Bioética.

4 de setembro de 2008 (quinta-feira)
1. Ministro José Gomes Temporão
Currículo: Médico; Ministro de Estado da Saúde
2. Associação de Desenvolvimento da Família – ADEF
Representante: Ieda Therezinha do Nascimento Verreschi
Currículo: Médica especialista em endocrinologia; Conselheira do Conselho Regional de Medicina de São Paulo.

3. Escola de Gente

Representante: Claudia Werneck

Currículo: Jornalista formada pela Universidade Federal do Rio de Janeiro (UFRJ) com pós-graduação em Comunicação e Saúde pela Fundação Oswaldo Cruz; Autora de diversos livros e artigos sobre inclusão, discriminação e diversidade, publicados no Brasil e no exterior. Desde 1992, tem atuado na disseminação do conceito de sociedade inclusiva em diferentes países, com foco na América Latina. Fundadora e superintendente da organização da sociedade civil Escola de Gente – Comunicação em Inclusão, que é membro titular, desde 2005, do Conselho Nacional de Juventude junto à Presidência da República. Integra as redes internacionais de lideranças da área social Avina (Suíça) e Ashoka (EUA).

4. Rede Nacional Feminista de Saúde, Direitos Sexuais e Direitos Reprodutivos.

Representante: Doutora Lia Zanotta Machado

Currículo: Graduada em Ciências Sociais pela Universidade de São Paulo (1967); Mestre em Sociologia pela Universidade de São Paulo (1979); Doutora em Ciências Humanas (Sociologia) pela Universidade de São Paulo (1980); Pós-doutorado na École des Hautes Études en Sciences Sociales (1993/1994); Professora titular de Antropologia da Universidade de Brasília; Integra o Conselho Diretor da Rede Feminista de Saúde Direitos Sexuais e Direitos Reprodutivos, tendo integrado a Comissão que elaborou o anteprojeto de Lei sobre a Revisão da Legislação Punitiva e Restritiva ao Aborto no Brasil.

Representante: Doutora Cinthia Macedo Specian

Currículo: Especialista em Pediatria, Habilitação em Neurologia Pediátrica; Coordenadora do Serviço de NeoNatologia e da UTI NeoNatal do Hospital São Francisco, CPF: 772 843 809 34, RG 28 281 589 2, CRM-SP: 69138.

Representante: Doutor Dernival da Silva Brandão, CRM 52 00471.1

Currículo: Médico com Título de Especialista em Ginecologia e Obstetrícia – TEGO; Curso de especialista em Medicina do Trabalho – PUC/RJ; Membro Titular da Academia Fluminense de Medicina; Presidente da Comissão de Ética e Cidadania da Academia Fluminense de Medicina.

7. Conselho Federal de Direitos da Mulher

Representante: Doutora Jacqueline Pitanguy

Currículo: Socióloga e cientista política. Desde os anos 1970, integra o movimento de mulheres do Brasil, tendo sido uma das fundadoras do Centro da Mulher brasileira e integrante do Grupo Ceres, um dos primeiros grupos feministas do país. Ex-Professora de Sociologia na Pontifícia Universidade Católica do Rio de Janeiro e na Rutgers University, New Jersey – USA, onde ocupou a cátedra Laurie New Jersey Chair nos anos de 1991-1992. Ex-Co-coordenadora do curso eletivo Saber Médico Corpo e Sociedade da Faculdade de Medicina da Universidade Federal do Rio de Janeiro. Ex-Presidente do Conselho Nacional de Direitos da Mulher; Cofundadora, presidente e membro de várias entidades não governamentais de projeção nacional e internacional relacionadas a direitos humanos, com uma perspectiva de gênero. Membro do Conselho editorial da revista *Health and Human Rights* publicada pela Escola de Saúde Pública da

Universidade de Harvard. Em 2005, foi uma das mulheres brasileiras indicadas para o Prêmio Nobel da Paz no projeto Mil Mulheres para a Paz.

16 de setembro de 2008
    1. Doutora Elizabeth Kipman Cerqueira
    Currículo: Título de Especialista em Ginecologia e Obstetrícia; Professora Adjunta por 2 anos na Faculdade de Ciência Médicas da Santa Casa de São Paulo; Secretária de Saúde do Município de Jacareí por 4 anos; Cofundadora do Hospital e Maternidade São Francisco de Assis em Jacareí onde foi Diretora Clínica por 6 anos; Gerente de Qualidade do Hospital São Francisco; Diretora do Centro Interdisciplinar de Estudos Bioéticos do Hospital São Francisco, CPF: 422 080 098 00, RG 2 561 108, CRM-SP: 14 064.
    2. Conectas Direitos Humanos e Centro de Direitos Humanos
    Representante: Eleonora Menecucci de Oliveira
    Currículo: Socióloga; Professora Titular do Departamento de Medicina Preventiva da Universidade de São Paulo; Coordenadora da Casa da Saúde da Mulher Professor Domingos Deláscio; Relatora Nacional pelo Direito Humano à Saúde da Plataforma Brasileira de Direitos Humanos Econômicos Sociais e Culturais/Organização das Nações Unidas no período de 2002 a 2004.
    3. Conselho Nacional de Direitos da Mulher
    Representante: Ministra Nilcéia Freire
    Currículo: Presidente do Conselho Nacional de Direitos da Mulher.
    4. Associação Brasileira de Psiquiatria
    Representante: Doutor Talvane Marins De Moraes
    Currículo: Médico especializado em Psiquiatria Forense; Livre-docente e Doutor em Psiquiatria pela Universidade Federal do Rio de Janeiro – UFRJ; Professor da Escola da Magistratura do Estado do Rio de Janeiro – EMERJ (Cadeira de Psiquiatria Forense); Especialista em Medicina Legal e em Psiquiatria pela Associação Médica Brasileira; Membro de duas Câmaras Técnicas do Conselho Regional de Medicina do Rio de Janeiro – CREMERJ –, a saber: Perícia Médica e Medicina Legal.

ANEXO D

Quarta audiência pública: Ações de prestação de saúde

Despacho de convocação de audiência pública, de 5 de março de 2009
O PRESIDENTE DO SUPREMO TRIBUNAL FEDERAL, no uso das atribuições que lhe confere o artigo 13, inciso XVII, e com base no artigo 363, III, ambos do Regimento Interno, considerando os diversos pedidos de Suspensão de Segurança, Suspensão de Liminar e Suspensão de Tutela Antecipada em trâmite no âmbito desta Presidência, os quais objetivam suspender medidas cautelares que determinam o fornecimento das mais variadas prestações de saúde pelo Sistema Único de Saúde – SUS (fornecimento de medicamentos, suplementos alimentares, órteses e próteses; criação de vagas de UTI; contratação de servidores de saúde; realização de cirurgias; custeio de tratamentos fora do domicílio e de tratamentos no exterior; dentre outros);

Considerando que tais decisões suscitam inúmeras alegações de lesão à ordem, à segurança, à economia e à saúde públicas;

Considerando a repercussão geral e o interesse público relevante das questões suscitadas;

CONVOCA:

Audiência pública para ouvir o depoimento de pessoas com experiência e autoridade em matéria de Sistema Único de Saúde, objetivando esclarecer as questões técnicas, científicas, administrativas, políticas, econômicas e jurídicas relativas às ações de prestação de saúde, tais como:

1) Responsabilidade dos entes da federação em matéria de direito à saúde.

2) Obrigação do Estado de fornecer prestação de saúde prescrita por médico não pertencente ao quadro do SUS ou sem que o pedido tenha sido feito previamente à Administração Pública.

3) Obrigação do Estado de custear prestações de saúde não abrangidas pelas políticas públicas existentes.

4) Obrigação do Estado de disponibilizar medicamentos ou tratamentos experimentais não registrados na ANVISA ou não aconselhados pelos Protocolos Clínicos do SUS.

5) Obrigação do Estado de fornecer medicamento não licitado e não previsto nas listas do SUS.

6) Fraudes ao Sistema Único de Saúde.

Ficam designados os dias 27 e 28 de abril de 2009, das 10h às 12h e das 14h às 18h para a realização da audiência pública.

O funcionamento da audiência pública seguirá o disposto no artigo 154, inciso III, parágrafo único, do Regimento Interno do STF.

Os interessados deverão requerer sua participação na audiência pública até o dia 3 de abril de 2009, pelo endereço eletrônico *audienciapublicasaude@stf.jus.br*, devendo, para tanto, consignar os pontos que pretendem defender e indicar o nome de seu representante.

A relação dos inscritos habilitados a participar da audiência pública estará disponível no portal deste Supremo Tribunal Federal a partir de 13 de abril de 2009.

Quaisquer documentos referentes à audiência pública poderão ser encaminhados, pela via impressa ou eletrônica, para o endereço *audienciapublicasaude@stf.jus.br*.

A audiência pública será transmitida pela TV Justiça e pela Rádio Justiça (artigo 154, parágrafo único, inciso V, do Regimento Interno do STF), assim como pelas demais transmissoras que assim o requererem, devendo os pedidos serem encaminhados à Secretaria de Comunicação Social.

Publique-se o Edital de convocação.

Expeçam-se convites aos Excelentíssimos Senhores Ministros deste Supremo Tribunal Federal para, querendo, integrar a mesa e participar da audiência pública.

Expeça-se convite ao Excelentíssimo Senhor Presidente do Congresso Nacional.

Expeça-se convite ao Excelentíssimo Senhor Procurador Geral da República.

Expeça-se convite ao Excelentíssimo Senhor Presidente da Ordem dos Advogados do Brasil.

Expeçam-se convites aos representantes dos órgãos e das entidades abaixo relacionados para, querendo, manifestarem interesse em participar da audiência pública, devendo, para tanto, consignar os pontos que pretendem defender e indicar o nome de seu representante:

1. Ministro de Estado do Ministério da Saúde;

2. Advogado Geral da União;

3. Presidente do Conselho Nacional de Saúde (CNS);

4. Presidente do Conselho Nacional de Secretários Estaduais de Saúde (CONASS);

5. Presidente do Conselho Nacional de Secretários Municipais de Saúde (CONASEMS);

6. Diretor-Presidente da Agência Nacional de Vigilância Sanitária (ANVISA);

7. Presidente da Fundação Oswaldo Cruz (FIOCRUZ);

8. Presidente do Conselho Federal de Medicina (CFM);

9. Presidente da Federação Brasileira da Indústria Farmacêutica (FE-BRAFARMA);
10. Presidente da Federação Nacional dos Estabelecimentos de Serviços de Saúde (FENAESS);
11. Presidente do Instituto de Defesa dos Usuários de Medicamentos (IDUM).

À Secretaria do Tribunal, à Secretaria de Comunicação Social e à Assessoria de Cerimonial, para que providenciem os equipamentos e o pessoal de informática, taquigrafia, som, imagem, segurança e demais suportes necessários para a realização do evento.

Ministro GILMAR MENDES
Presidente

Perguntas frequentes
1) **Qual o objetivo da realização de uma audiência pública sobre saúde pelo Supremo Tribunal Federal?**

O Presidente do STF convocou a Audiência pública, nos termos do artigo 13, inciso XVII, do Regimento Interno, para ouvir o depoimento de pessoas com experiência e autoridade em matéria de Sistema Único de Saúde, objetivando esclarecer as questões técnicas, científicas, administrativas, políticas, econômicas e jurídicas relativas às ações de prestação de saúde.

Serão discutidos, dentre outros, os seguintes pontos: a) responsabilidade dos entes da federação em matéria de direito à saúde; b) obrigação do Estado de fornecer prestação de saúde prescrita por médico não pertencente ao quadro do SUS ou sem que o pedido tenha sido feito previamente à Administração Pública; c) obrigação do Estado de custear prestações de saúde não abrangidas pelas políticas públicas existentes; d) obrigação do Estado de disponibilizar medicamentos ou tratamentos experimentais não registrados na ANVISA ou não aconselhados pelos Protocolos Clínicos do SUS; e) obrigação do Estado de fornecer medicamento não licitado e não previsto nas listas do SUS; f) fraudes ao Sistema Único de Saúde.

Os dados levantados na Audiência pública ficarão arquivados na Presidência do Supremo Tribunal Federal e poderão ser utilizados por todos os Ministros da Corte, na elaboração de decisões e votos, em qualquer processo em trâmite no Supremo Tribunal Federal.

2) **É necessário inscrição para assistir à audiência pública?**

Não. A Audiência pública será aberta, nos termos do artigo 154 do Regimento Interno do STF. O número de espectadores será limitado, apenas, à capacidade do local de sua realização. Os lugares serão ocupados por ordem de chegada, respeitada a reserva aos participantes e à imprensa.

Para ingressar na Audiência pública será necessário observar os mesmos critérios de vestimenta utilizados nas Sessões Plenárias. Os homens deverão trajar terno completo (blazer, calça social, camisa social, gravata e sapato social) e as mulheres, calça, saia ou vestido sociais, necessariamente acompanhados de blazer.

A Audiência pública será transmitida pela TV Justiça e pela Rádio Justiça (artigo 154, parágrafo único, inciso V, do Regimento Interno do STF), assim como pelas demais transmissoras que o requererem, devendo os pedidos serem encaminhados à Secretaria de Comunicação Social do Tribunal.

3) Quem será ouvido na audiência pública?

A Audiência pública ouvirá o depoimento de especialistas em questões técnicas, científicas, administrativas, políticas, econômicas e jurídicas relativas às ações de prestação de saúde.

Os especialistas serão indicados pelos órgãos e entidades convidadas pelo Despacho Convocatório ou pelos interessados que requererem sua participação (especialistas habilitados).

4) Como requerer a participação na audiência pública?

Os interessados em indicar especialista deverão requerer sua participação na audiência pública até o dia 3 de abril de 2009, pelo endereço eletrônico audienciapublicasaude@stf.jus.br.

A relação dos requerimentos deferidos estará disponível no portal do Supremo Tribunal Federal a partir de 13 de abril de 2009.

5) O que deve constar no requerimento?

Os interessados deverão indicar o nome da entidade que representam (explicitando a pertinência entre suas finalidades e a matéria em debate), o currículo do especialista a ser ouvido (justificando sua autoridade na matéria) e o resumo fundamentado da *tese* (apontando a controvérsia existente e especificando a posição que defende).

6) É possível enviar sugestões?

Qualquer pessoa ou entidade, independentemente de inscrição, poderá encaminhar documentos úteis ao esclarecimento das questões a serem debatidas na audiência pública, pela via impressa ou eletrônica, para o endereço *audienciapublicasaude@stf.jus.br*.

7) Qual o tempo disponível para cada explanação?

Cada órgão, entidade ou Associação, tenha sido habilitado ou convidado, disporá de 15 minutos para a sua apresentação, independentemente do número de representantes designados.

Discurso de abertura

O SR. MINISTRO GILMAR MENDES (PRESIDENTE DO SUPREMO TRIBUNAL FEDERAL): Declaro aberta a Sessão de Audiência Pública n. 4, convocada em 5 de março de 2009.

Senhoras e Senhores aqui presentes; Dr. Antônio Fernando Barros da Silva e Souza, Procurador Geral da República; Dr. José Antônio Dias Toffoli, Advogado Geral da União; Subdefensor Leonardo Lorea Mattar, Defensor Público Geral da União em exercício; Dr. Alberto Beltrame, Secretário de Atenção à Saúde, representando o Ministério da Saúde; Dr. Flávio Pansieri, Presidente da Academia de Direito Constitucional, Membro da Comissão de Estudos Constitucionais da OAB, representando o Conselho Federal da Ordem; Dr. Marcos Salles, Assessor Especial da Presidência, representando a Associação dos Magistrados Brasileiros – AMB; Dr. Ingo Wolfgang Sarlet, Professor Titular da PUC do Rio Grande Sul, Juiz de Direito e Doutor pela Universidade de Munique.

Senhoras e Senhores, duas palavras.

A par dos concretos e profícuos resultados que hão de advir da realização desta Audiência pública, merece relevo o profundo significado simbólico neste esforço conjunto dos diversos setores da sociedade e do Estado em buscar soluções para os problemas do sistema único de saúde e de sua judicialização.

Esta é a primeira Audiência pública a ser realizada após a Emenda Regimental n. 29, que passou a prever as competências e o procedimento de convocação e realização de audiências públicas no âmbito do Supremo Tribunal Federal.

Como todos sabem, inicialmente, as Audiências Públicas foram previstas na Lei n. 9.868, de 1999, e, depois, referidas também na Lei n. 9.882, de 1999; a primeira trata da ação direta de inconstitucionalidade – ADI e da ação declaratória de constitucionalidade – ADC e a segunda trata da arguição de descumprimento de preceito fundamental – ADPF. Sentiu-se, porém, a necessidade de que as audiências públicas se estendessem para outros processos e procedimentos.

Com base no artigo 13, inciso XVII, do Regimento Interno, e considerando os pedidos de suspensão de segurança, suspensão de liminar e suspensão de tutela antecipada de competência da Presidência, esta Audiência pública foi convocada para ouvir o depoimento de pessoas com experiência e autoridade em matéria de sistema único de saúde.

A Audiência objetiva esclarecer as questões técnicas, científicas, administrativas, políticas e econômicas envolvidas nas decisões judiciais sobre saúde.

Por estar relacionada aos vários pedidos de suspensão que tratam da matéria, esta Audiência pública distingue-se das demais pela amplitude do tema em debate. Todos nós, em certa medida, somos afetados pelas decisões judiciais que buscam a efetivação do direito à saúde.

O fato é que a judicialização do direito à saúde ganhou tamanha importância teórica e prática que envolve não apenas os operadores do direito, mas também os gestores públicos, os profissionais da área de saúde e a sociedade civil como um todo.

Se, por um lado, a atuação do Poder Judiciário é fundamental para o exercício efetivo da cidadania e para a realização do direito social à saúde, por outro, as decisões judiciais têm significado um forte ponto de tensão perante os elaboradores e executores das políticas públicas, que se veem compelidos a garantir prestações de direitos sociais das mais diversas, muitas vezes contrastantes com a política estabelecida pelos governos para a área da saúde e além das possibilidades orçamentárias. A ampliação dos benefícios reconhecidos confronta-se continuamente com a higidez do sistema.

As considerações que serão apresentadas aqui interessam, de diferentes formas, aos jurisdicionados e a todo o Poder Judiciário de todo o país e poderão ser utilizadas para a instrução de qualquer processo no âmbito do Supremo Tribunal Federal. Serão também reunidas e disponibilizadas em meio físico ou eletrônico aos juízes e tribunais que o solicitarem.

Hoje, além dos pedidos de suspensão, tramitam na Corte uma proposta de súmula vinculante e um recurso extraordinário, com repercussão geral reconhecida, que envolvem questões relativas à eficácia do artigo 196 da Constituição.

A Proposta de Súmula Vinculante n. 4, apresentada pela Defensoria Pública Geral da União, visa à edição de súmulas vinculantes que tornem expressas "a responsabilidade solidária dos entes da federação no que concerne ao fornecimento de medicamentos e tratamentos" e "a possibilidade de bloqueio de valores públicos para o fornecimento de medicamento e tratamento, restando afastada, por outro lado, a alegação de que tal bloqueio fere o artigo 100, *caput* e §2º, da Constituição de 1988".

No Recurso Extraordinário n. 566.471, de relatoria do eminente Ministro Marco Aurélio, reconheceu-se a repercussão geral do recurso extraordinário que questiona se situação individual pode, sob o ângulo do alto custo, pôr em risco a assistência global à saúde do todo. Trata-se do direito ao fornecimento de medicamento de alto custo, imprescindível para o tratamento da doença de hipertensão pulmonar, e não previsto na relação de fármacos dispensados pelo SUS.

No contexto em que vivemos, de recursos públicos escassos, aumento da expectativa de vida, expansão dos recursos terapêuticos e multiplicação das doenças, as discussões que envolvem o direito à saúde representam um dos principais desafios à eficácia jurídica dos direitos fundamentais.

O Plenário do Supremo, ao julgar o Agravo Regimental na Suspensão de Tutela Antecipada n. 223, foi confrontado com o drama vivenciado por pacientes que, sem alternativas viáveis, depositam suas esperanças em tratamentos experimentais. Naquele incidente, o Estado de Pernambuco buscou suspender decisão judicial que determinara o pagamento de todas as despesas necessárias à cirurgia de implante de marcapasso diafragmático muscular – MDM para devolver ao autor, vítima de assalto em via pública, a capacidade de respirar sem a dependência do respirador mecânico. O procedimento experimental, não aprovado pelo FDA (Órgão Regulador Norte-Americano), foi orçado em cento e cinquenta mil dólares. O Agravo restou provido, por maioria, para manter a decisão que determinava o pagamento das despesas pelo Estado de Pernambuco.

Era um caso bastante complexo, que envolvia, de alguma forma também, uma discussão muito circunstanciada da eventual responsabilidade civil do Estado de Pernambuco por não tomar as medidas necessárias em uma situação específica de segurança pública.

O local onde fora perpetrado o assalto era considerado de alto risco e sem a devida fiscalização por parte das autoridades encarregadas da segurança pública. É um caso todo ele complexo, mas que levou a este resultado; aparentemente, inclusive, há informações de que a cirurgia foi praticada com todo o êxito.

ANEXO D
QUARTA AUDIÊNCIA PÚBLICA: AÇÕES DE PRESTAÇÃO DE SAÚDE | 161

Ao decidir o pedido de suspensão de liminar n. 228, esta Presidência enfrentou a árdua tarefa de sopesar o direito dos cidadãos às vagas de Unidade de Tratamento Intensivo e as consequências para a ordem pública da decisão que determina suas instalações.

Naqueles autos, a União queria suspender a decisão do TRF da 5ª Região que determinara à União, ao Estado do Ceará e ao Município de Sobral, a transferência de todos os pacientes necessitados de atendimento em UTIs para hospitais públicos ou particulares que disponham de tais unidades e o início das ações tendentes à instalação e ao funcionamento de 10 Leitos de UTIs adultas, 10 Leitos de UTIs neonatais e 10 Leitos de UTIs pediátricas. A medida destinava-se à população dos 61 municípios que compõem a Macro-Região Administrativa do SUS de Sobral, e baseava-se na Portaria n. 1.101/2002 do Ministério da Saúde, que fixa o número de Leitos por habitantes, e que não estava sendo cumprida na região.

Deferiu-se parcialmente o pedido, tão somente para suspender a execução da multa diária fixada no valor de dez mil reais, mantendo a decisão liminar nos seus demais termos.

Em outros casos, como na suspensão de tutela antecipada n. 198, indeferiu-se o pedido do Estado do Paraná para suspender os efeitos de decisão que determinara o fornecimento de medicamento, orçado em mais de um milhão de reais anuais, à criança portadora de doença genética rara e degenerativa. O medicamento, segundo os atestados médicos, é a única esperança de melhora para a paciente e a suspensão do tratamento poderia comprometer seu desenvolvimento físico.

Na suspensão de tutela antecipada n. 268, indeferiu-se o pedido do Município de Igrejinha para que fosse suspensa a decisão que determinara o fornecimento de medicamento, constante da lista do SUS e em falta na farmácia Municipal, à autora, portadora de leucemia.

Enfim, esses casos exemplificam os dilemas enfrentados pelos magistrados, especialmente os que estão na primeira instância, que são colocados diante de situações de vida ou morte. Certa vez um juiz comentava que havia negado uma liminar para o fornecimento de medicamentos. No entanto, o autor da ação veio a falecer, o que fez com que o magistrado decidisse nunca mais indeferir tais pedidos.

O Poder Judiciário, que não pode deixar sem resposta os casos submetidos à sua apreciação, vem se deparando com situações trágicas no julgamento do pedido de cada cidadão que reclama um serviço ou um bem de saúde, muitas vezes extremamente urgentes e imprescindíveis.

Este é o drama que se coloca e que nós vemos muitas vezes, porque os pedidos, em geral, formulam-se inicialmente em sede de decisão de tutela antecipada ou de cautelar, e o juiz se vê às voltas com um sopesamento, com uma ponderação extremamente complexa que há de se fazer de imediato, praticamente sem que se tenha tempo de fazer maiores pesquisas ou estudos, o que justifica ainda mais a necessidade desse processo sofisticado de racionalização que estamos tentando fazer no âmbito desta Audiência pública.

Em alguns casos, satisfazer as necessidades das pessoas que estão à sua frente, que têm nome, que têm suas histórias, que têm uma doença grave, que necessitam de um tratamento específico, pode, indiretamente, sacrificar o direito de muitos outros cidadãos, anônimos, sem rosto, mas que dependem igualmente do sistema público de saúde.

Não raro escutamos de gestores do sistema a seguinte frase:

"O juiz me mandou internar um paciente, imediatamente, numa Unidade de Tratamento Intensivo, mas não me disse qual paciente retirar para dar lugar ao novo!"

O grande número de pessoas que manifestaram interesse em acompanhar os trabalhos desta Audiência pública demonstra a necessidade de discutirmos esses dilemas.

Recebemos na Presidência mais de 140 pedidos de participação, cada um com uma contribuição importante ao debate.

Infelizmente, não é possível, por limitações temporais, atender a todos.

Procuramos, ao definir a lista de habilitados, contemplar todos os envolvidos: os magistrados, os promotores de justiça, os defensores públicos, os usuários, os médicos, os doutrinadores e os gestores do sistema único de saúde. Buscamos, ainda, garantir a presença de especialistas das mais diversas regiões do país.

Foi adotado como critério para o deferimento dos pedidos, a representatividade da associação ou entidade requerente, a originalidade da tese proposta e o currículo do especialista indicado.

No entanto, aqueles que não forem ouvidos, poderão contribuir enviando memoriais, artigos, documentos, os quais serão disponibilizados no Portal do STF, de modo a estimular o debate.

Precisamos analisar, entre outras questões, as consequências da atuação do Poder Judiciário para a ordem, a saúde e a economia públicas, mas sem esquecer que estamos tratando de um dos direitos mais importantes para os cidadãos brasileiros, o direito à vida.

Uma questão de fundamental importância diz respeito à divisão de competências no SUS. Quais são as consequências práticas do reconhecimento da responsabilidade solidária dos entes federados em matéria de saúde para a estrutura do Sistema e para as finanças públicas?

Em relação à própria gestão do SUS e ao princípio da universalidade do Sistema, questionam-se se prescrições de medicamentos, subscritas por prestadores de serviços privados de saúde podem subsidiar as ações judiciais, ou se não se deveria exigir que a prescrição fosse de autoria de médico credenciado junto ao SUS e que o processo judicial fosse antecedido por pedido administrativo.

São questionamentos que comumente se colocam.

Quanto ao princípio da integralidade do Sistema, importa analisar as consequências do fornecimento de medicamentos e insumos sem registro na ANVISA, ou não indicados pelos Protocolos e Diretrizes Terapêuticas do SUS. Porque razão os medicamentos prescritos ainda não se encontram registrados? Haverá um descompasso entre as inovações da medicina e a elaboração dos Protocolos e Diretrizes Terapêuticas?

Há realmente eficácia terapêutica nos medicamentos não padronizados que vêm sendo concedidos pelo Poder Judiciário? Esses medicamentos possuem equivalentes terapêuticos oferecidos pelos serviços públicos de saúde capazes de tratar adequadamente os pacientes? Há resistência terapêutica aos medicamentos padronizados?

Por que, muitas vezes, os próprios profissionais de saúde do SUS orientam os pacientes a procurar o Poder Judiciário?

São casos de omissão de política pública, de inadequação da política existente ou há outros interesses envolvidos?

O estudo da legislação do SUS permitirá distinguir as demandas que envolvem o descumprimento de uma política pública de saúde, das demandas que buscam suprir uma omissão do gestor de saúde, e como isso pode interferir na atuação do Poder Judiciário.

Enfim, impõe-se ao magistrado o desafio de resolver um complexo quebra-cabeça de conciliar a eficácia imediata dos direitos sociais, inclusive considerando seu aspecto evolutivo, a universalidade do sistema e a desigualdade social, o direito subjetivo e o direito coletivo à saúde, a escassez de recursos e o uso indevido do orçamento, a justiça comutativa e a justiça distributiva, dar prioridade às políticas de prevenção ou à recuperação; a efetiva participação da comunidade no sistema, a distribuição de tarefas entre os entes da federação e as desigualdades regionais.

A Constituição de 1988, aprovada num contexto econômico e social difícil, faz clara opção pela democracia e sonora declaração em favor da superação das desigualdades sociais e regionais. Precisamos expandir a capacidade do Estado social de se desenvolver e buscar a concretização efetiva dos direitos sociais por meio da afirmação das liberdades.

O verdadeiro desenvolvimento encontra-se mais na melhoria da qualidade de vida, do que no aumento da produção de riquezas, como demonstrado pelo Nobel de Economia Amartya Sen.[2]

Segundo o economista, o desenvolvimento de um país depende das oportunidades que ele oferece à população de fazer escolhas e exercer sua cidadania.

Apesar de seu inegável caráter analítico, a Carta Política de 1988 constitui uma ordem jurídica fundamental de um processo público livre, caracterizando-se, nos termos de Häberle,[3] como uma "constituição aberta", que torna possível a "sociedade aberta" de Popper,[4] ou uma "constituição suave" (*mitte*), no conceito de Zagrebelsky, "que permite, dentro dos limites constitucionais, tanto a espontaneidade da vida social como a competição para assumir a direção política, condições para a sobrevivência de uma sociedade pluralista e democrática".[5]

---

[2] SEN, Amartya. *Desenvolvimento como liberdade*. Tradução de Laura Teixeira Motta. São Paulo: Companhia das Letras, 2000.

[3] VERDÚ, Pablo Lucas. *La Constitución abierta y sus enemigos*. Madrid: Ediciones Beramar, 1993.

[4] POPPER, Karl. *A sociedade aberta e seus inimigos*. 3. ed. São Paulo: Itatiaia, Universidade de São Paulo, 1987.

[5] ZAGREBELSKY, Gustavo. *El derecho dúctil. Ley, derechos, justicia*. Madrid: Trotta, 2003, p. 14.

É fundamental que ouçamos todos os pontos de vista, que nos coloquemos no lugar dos usuários do SUS, dos médicos, dos gestores, dos defensores, dos promotores de justiça e dos demais magistrados. Busquemos o diálogo e a ação conjunta. Acredito que posições radicais que neguem completamente a ação do Poder Judiciário ou que preguem a existência de um direito subjetivo a toda e qualquer prestação de saúde não são aceitáveis.

Devemos buscar uma posição equilibrada, capaz de analisar todas as implicações das decisões judiciais, sem comprometer os direitos fundamentais dos cidadãos e, em especial, o direito à saúde.

Enfim, espero que desta Audiência pública resultem não apenas informações técnicas, aptas a instruir os processos do Tribunal, como também subsídios para um amplo e pluralista debate público em prol do aprimoramento das políticas de saúde.

Discurso de encerramento

O SR. MINISTRO GILMAR MENDES (PRESIDENTE DO STF) – Ao encerrar esta Audiência pública, em que pudemos ouvir relevantes contribuições para a efetividade do direito fundamental à saúde no Brasil, gostaria de deixar consignadas algumas palavras finais de reafirmação de sua importância.

Não há dúvida de que a participação de diferentes grupos em processos judiciais de grande significado para toda a sociedade cumpre uma função de integração extremamente relevante no Estado de Direito.

Assim, tivemos a oportunidade de escutar advogados, defensores públicos, promotores e procuradores de justiça, magistrados, professores, médicos, técnicos de saúde, gestores, representantes de Organizações Não Governamentais e usuários do Sistema Único de Saúde.

Ao ter acesso a essa pluralidade de visões em permanente diálogo, este Supremo Tribunal Federal passa a contar com os benefícios decorrentes dos subsídios técnicos, implicações político-jurídicas e elementos de repercussão econômica apresentados pelos "amigos da Corte".

Essa inovação institucional, além de contribuir para a qualidade da prestação jurisdicional, garante novas possibilidades de legitimação dos julgamentos do Tribunal no âmbito de sua tarefa precípua de guarda da Constituição e, também, no exercício de sua competência de proteção do interesse público e uniformização das decisões.

Conforme observa o Professor Peter Häberle:

> A interpretação conhece possibilidades e alternativas diversas. A vinculação se converte em liberdade, na medida em que se reconhece que a nova orientação hermenêutica consegue contrariar a ideologia da subsunção. A ampliação do círculo dos intérpretes aqui sustentada é apenas a consequência da necessidade, por todos defendida, de integração da realidade no processo de interpretação. É que os intérpretes em sentido amplo compõem essa realidade pluralista. Se se reconhece que a norma não é uma decisão prévia, simples e acabada, há de se indagar sobre os participantes no seu desenvolvimento funcional, sobre as forças ativas da Law in Public Action (personalização, pluralização da interpretação constitucional!).

Evidente, assim, que essa fórmula procedimental constitui um excelente instrumento de informação para a Corte Suprema.

Nos seis dias de debate, ressaltou-se a dificuldade e complexidade do tema e a importância da atuação consciente do Poder Judiciário.

Também restou consignada a importância de se abrirem espaços de consenso e de se construírem soluções compartilhadas, inclusive pela via administrativa.

As experiências das Defensorias Públicas dos Estados do Rio de Janeiro e de São Paulo, aqui partilhadas, muito têm a nos ensinar nesse sentido e a contribuir para a diminuição dos gastos com a saúde.

Parece haver algum entendimento no sentido de que muitos dos problemas da eficácia social do direito à saúde devem-se a questões ligadas à implementação e manutenção das políticas públicas de saúde já existentes – o que implica também a composição dos orçamentos dos entes da federação.

Nessa perspectiva, é necessário que atentemo-nos para a estabilidade dos gastos com a saúde e, consequentemente, para a captação de recursos. Como lembrado, a garantia da integralidade do Sistema Único de Saúde começa na elaboração dos orçamentos.

A regulamentação da Emenda Constitucional n. 29, diversas vezes referida aqui, muito poderá ajudar nessa tarefa, assim como a participação democrática da sociedade, na formulação dos orçamentos de saúde.

É preciso ainda refletir sobre a questão da normatização e da definição de marcos legais precisos para as políticas públicas de saúde que possibilitem a sua face ou compreensão. Isso porque, como bem lembra o Professor Jorge Miranda, "a primeira forma de defesa dos direitos é a que consiste no seu conhecimento".

Evidente, portanto, que a prestação de informações precisas e completas sobre enfermidade e tratamento objeto da demanda judicial é imprescindível para a adequada apreciação judicial da matéria. Nesse sentido, parece evidente que as partes precisam colaborar com o Poder Judiciário e levar todos os dados técnicos e científicos envolvidos.

Hoje tramitam na Corte os Agravos Regimentais nas Suspensões Liminares n. 47 e n. 64, os Agravos Regimentais nas Suspensões de Tutela Antecipada n. 36, n. 185, n. 211 e n. 278. E os Agravos Regimentais nas Suspensões de Segurança n. 2.361, n. 2.944, n. 3.345 e n. 3.355, processos de competência da Presidência que versam sobre o fornecimento de medicamentos de alto custo ou ainda não registrados na ANVISA, sobre o custeio de tratamentos no exterior, sobre a realização de técnicas cirúrgicas ainda não desenvolvidas pelo SUS, sobre a patente de medicamentos, etc.

Também tratam do direito à saúde a Proposta de Súmula Vinculante, apresentada pela Defensoria Pública da União, que visa à edição de súmulas vinculantes sobre a responsabilidade dos entes da federação e sobre a possibilidade de bloqueio de valores para o fornecimento das demandas de saúde. Também o Recurso Extraordinário, com repercussão geral reconhecida, 566.471, da relatoria do eminente Ministro Marco Aurélio, que trata do fornecimento de alto custo para o tratamento de hipertensão arterial pulmonar; a ADI n. 1.931, também de relatoria do Ministro Marco Aurélio, que discute a constitucionalidade de legislação sobre repasses das seguradoras privadas para o SUS; e a ADI n. 4.234, da relatoria da Ministra Cármen Lúcia, que trata da constitucionalidade das patentes "pipeline". Com certeza, os profícuos esclarecimentos prestados pela sociedade a esta Audiência pública serão de grande importância no julgamento desses processos.

Sabemos que a boa qualidade da prestação dos serviços públicos aos cidadãos é que caracteriza e identifica o Estado Democrático e Social de Direito. A democracia social depende da qualidade dos serviços gerais prestados. Garantir essa qualidade é um dever de todos.

Com essas considerações finais, declaro encerrada esta Audiência pública.

ANEXO E

Quinta audiência pública: Políticas de ação afirmativa no ensino superior baseada em critérios raciais

Edital de Convocação de Audiência Pública
Assunto: Políticas de Ação Afirmativa de Reserva de Vagas no Ensino Superior
O Ministro do Supremo Tribunal Federal Ricardo Lewandowski, Relator da *Arguição de Descumprimento de Preceito Fundamental n. 186* e do *Recurso Extraordinário n. 597.285/RS*, faz saber:
Aos que este edital virem ou dele tiverem conhecimento, que, no uso das atribuições que lhe confere o artigo 21, inciso XVII, do Regimento Interno do Supremo Tribunal Federal, *convoca* Audiência pública para ouvir o depoimento de pessoas com experiência e autoridade em matéria de políticas de ação afirmativa no ensino superior.
No que tange à arguição de descumprimento de preceito fundamental, a ação foi proposta contra atos administrativos que resultaram na utilização de critérios raciais para programas de admissão na Universidade de Brasília – UnB.
Os dispositivos tidos por afrontados são os artigos 1º, *caput* e III, 3º, IV, 4º, VIII, 5º, I, II, XXXIII, XLII e LIV, 37, *caput*, 205, 206, *caput* e I, 207, *caput*, e 208, V, da *Constituição Federal*.
No que concerne ao recurso extraordinário, este foi interposto contra acórdão que julgou constitucional o sistema de reserva de vagas (sistema de "cotas") como forma de ação afirmativa estabelecido pela Universidade Federal do Rio Grande do Sul – UFRGS – como meio de ingresso em seus cursos de ensino superior.
Nesse caso, o recorrente não foi aprovado em exame vestibular para ingresso em curso superior de Administração, não obstante tenha alcançado pontuação maior do que alguns candidatos admitidos no mesmo curso pelo sistema de reserva de vagas destinadas aos estudantes egressos do ensino público e aos estudantes negros egressos do ensino público.
O debate em questão consubstancia-se na constitucionalidade do sistema de reserva de vagas, baseado em critérios raciais, como forma de ação afirmativa de inclusão no ensino superior.

A questão constitucional apresenta relevância do ponto de vista jurídico, uma vez que a interpretação a ser firmada por esta Corte poderá autorizar, ou não, o uso de critérios raciais nos programas de admissão das universidades brasileiras.

Além disso, evidencia-se a repercussão social, porquanto a solução da controvérsia em análise poderá ensejar relevante impacto sobre políticas públicas que objetivam, por meio de ações afirmativas, a redução de desigualdades para o acesso ao ensino superior.

Ficam, assim, designados os dias de *3 a 5 de março de 2010*, das *9h às 12h*, para a realização da audiência pública, nas dependências do Supremo Tribunal Federal.

O funcionamento da audiência pública seguirá o disposto no artigo 154, III, parágrafo único, do *Regimento Interno do Supremo Tribunal Federal*.

Os interessados deverão requerer sua participação na audiência pública no período de *1º de outubro de 2009 a 30 de outubro de 2009*, pelo endereço eletrônico acaoafirmativa@stf.jus.br. Para tanto, deverão consignar os pontos que pretendem defender e indicar o nome de seu representante.

A relação dos inscritos habilitados a participar da audiência pública estará disponível no portal eletrônico do Supremo Tribunal Federal a partir de *13 de novembro de 2009*.

Quaisquer documentos referentes à audiência pública poderão ser encaminhados pela via eletrônica para o endereço acaoafirmativa@stf.jus.br.

A audiência pública será transmitida pela *TV Justiça* e pela *Rádio Justiça* (artigo 154, parágrafo único, V, do Regimento Interno do Supremo Tribunal Federal), assim como pelas demais emissoras que assim o requererem. Tais pedidos deverão ser encaminhados à Secretaria de Comunicação Social.

Supremo Tribunal Federal, em 28 de setembro de 2009.

Eu, Kátia Cronemberger Mendes Pereira, Chefe da Seção de Comunicações, extraí o presente. Eu, Rosemary de Almeida, Secretária Judiciária, conferi.

Publique-se.

Ministro Ricardo Lewandowski

Cronograma
3/3 Quarta-feira

8h30 – Abertura – Excelentíssimo Senhor Ministro Enrique Ricardo Lewandowski

9h – Vice-Procuradora Geral da República Débora Macedo Duprat de Britto Pereira

9h15 – Diretor-Tesoureiro do Conselho Federal da Ordem dos Advogados do Brasil Dr. Miguel Angelo Cançado

9h30 – Advogado Geral da União Luís Inácio Lucena Adams

9h45 – Ministro Edson Santos de Souza – Secretaria Especial de Políticas de Promoção de Igualdade Racial (SEPPIR)

10h – Secretaria Especial de Direitos Humanos (SEDH) – Erasto Fortes de Mendonça – Doutor em Educação pela UNICAMP e Coordenador Geral de Educação em Direitos Humanos da SEDH

ANEXO E
QUINTA AUDIÊNCIA PÚBLICA: POLÍTICAS DE AÇÃO AFIRMATIVA ...

10h15 – Ministério da Educação (MEC); Secretária Maria Paula Dallari Bucci – Doutora em Políticas Públicas pela Universidade de São Paulo (USP). Professora da Fundação Getúlio Vargas. Secretária de Ensino Superior do Ministério da Educação (MEC) (Apresentação)

10h30 – Fundação Nacional do Índio (FUNAI) – Carlos Frederico de Souza Mares – Professor Titular da Pontifícia Universidade Católica do Paraná/PR (Apresentação)

10h45 – Instituto de Pesquisa Econômica Aplicada (IPEA) – Mário Lisboa Theodoro – Diretor de Cooperação e Desenvolvimento do Instituto de Pesquisa Econômica Aplicada (IPEA)

11h – Arguente – Democratas (DEM) – ADPF 186 – Procuradora/Advogada Roberta Fragoso Menezes Kaufmann; (15 minutos)

11h15 – Arguido – Universidade de Brasília (UnB) – José Jorge de Carvalho – Professor da Universidade de Brasília – UnB. Pesquisador 1-A do CNPq. Coordenador do Instituto Nacional de Ciência e Tecnologia de Inclusão no Ensino Superior e na Pesquisa – INCT – Universidade de Brasília (UnB); (15 minutos)

11h30 – Recorrente do Recurso Extraordinário n. 597.285/RS – Dr. Caetano Cuervo Lo Pumo – Procurador de Giovane Pasqualito Fialho; (15 minutos)

11h45 – Recorrido – Universidade Federal do Rio Grande do Sul (UFRGS) – Professora Denise Fagundes Jardim – Professora do Departamento de Antropologia e Programa de Pós-graduação em Antropologia Social da Universidade Federal do Rio Grande do Sul (UFRGS); (15 minutos) (Apresentação)

12h – Presidente da Comissão de Constituição e Justiça (CCJ) do Senado Federal – Senador Demóstenes Torres;

4/3 Quinta-feira

8h30 – "Flagrante ilegalidade na seleção dos cotistas na Universidade Federal do Rio Grande do Sul desvirtua o espírito do Programa de Ações Afirmativas pela falta de averiguação da situação socioeconômica dos candidatos beneficiados pelo sistema de reserva de vagas". Wanda Marisa Gomes Siqueira – Movimento Contra o Desvirtuamento do Espírito da Reserva de Quotas Sociais; (15 minutos)

8h45 – "Da inexistência de raças do ponto de vista genético. Da formação e estrutura genética do povo brasileiro, com ênfase na demonstração experimental de uma correlação tênue entre cor e ancestralidade genômica no Brasil". Sérgio Danilo Junho Pena – Médico Geneticista formado pela Universidade de Manitoba, Canadá. Professor da Universidade Federal de Minas Gerais – UFMG e ex-professor da Universidade McGill de Montreal, Canadá; (15 minutos)

9h – "A Tragédia Étnica". George de Cerqueira Leite Zarur – Antropólogo e Professor da Faculdade Latino-Americana de Ciências Sociais; (Leitura do texto elaborado pela Professora Yvone Maggie "Um ideal de democracia" + 15 minutos)

9h15 – "Desigualdade educacional e quotas para negros nas universidades". Eunice Ribeiro Durham – Antropóloga. Doutora em Antropologia Social pela Universidade de São Paulo (USP). Professora Titular do Departamento de Antropologia da USP e atualmente Professora Emérita da Faculdade de Filosofia, Letras e Ciências Humanas da USP (a Professora Eunice Durham cancelou sua participação no evento, em função de problemas de saúde. Texto enviado pela Professora Durham será lido pela Doutora Roberta Kaufmamm neste mesmo horário);

9h30 – "Problemas jurídico-históricos relativos à escravidão. Miscigenação em terras brasileiras". Ibsen Noronha – Professor de História do Direito do Instituto de Ensino Superior de Brasília – IESB – Associação de Procuradores de Estado (ANAPE); (15 minutos)

(...)

10h – "As vicissitudes do racismo na formação da população brasileira e as desvantagens sociais para a população negra alvo de discriminação racial no acesso aos bens materiais e imateriais produzidos em nossa sociedade". Fundação Cultural Palmares – Luiz Felipe de Alencastro – Professor Titular da Cátedra de História do Brasil da Universidade de Paris-Sorbonne; (15 minutos)

10h15 – "Constitucionalidade das políticas de ação afirmativa nas Universidades Públicas brasileiras na modalidade de cotas". Centro de Estudos Africanos da Universidade de São Paulo – Kabengele Munanga – Professor da Universidade de São Paulo (USP); (15 minutos)

10h30 – "A obrigação do Estado em eliminar as desigualdades historicamente acumuladas, garantindo a igualdade de oportunidade e tratamento, bem como compensar perdas provocadas pela discriminação e marginalização por motivos raciais, étnicos, religiosos, de gênero e outros". Conectas Direitos Humanos (CDH) – Oscar Vilhena Vieira – Doutor e Mestre em Ciência Política pela Universidade de São Paulo (USP) e Mestre em Direito pela Universidade de Columbia. Pós-doutor pela Oxford University. Professor de Direito da Pontifícia Universidade Católica de São Paulo (PUC/SP) e da Fundação Getúlio Vargas de São Paulo (FGV/SP) – Conectas Direitos Humanos (CDH); (15 minutos)

10h45 – "Compatibilidade entre excelência acadêmica e ação afirmativa". Leonardo Avritzer – Foi Pesquisador Visitante no Massachusetts Institute of Technology; (15 minutos)(MIT). Participou das reuniões de elaboração do *amicus curiae* apresentado pelo Massachusetts Institute of Technology no caso *Grutter v. Bollinger* – Professor de Ciência Política da Universidade Federal de Minas Gerais (UFMG)

11h – "Papel das ações afirmativas". Sociedade Afro-Brasileira de Desenvolvimento Sócio Cultural (AFROBRAS) – José Vicente – Presidente da AFROBRAS e Reitor da Faculdade Zumbi dos Palmares; (15 minutos)

5/3 Sexta-feira
Manhã

8h30 – Educação e Cidadania de Afrodescendentes e Carentes (EDUCAFRO) – Fábio Konder Comparato – Professor Titular da Universidade de São Paulo – USP; (15 minutos)

8h45 – "A Compatibilidade das cotas com o sistema constitucional brasileiro". Fundação Cultural Palmares – Flávia Piovesan – Professora Doutora da Pontifícia Universidade Católica de São Paulo (PUC/SP) e da Pontifícia Universidade Católica do Paraná (PUC/PR); (15 minutos)

9h – "Resultados parciais da missão sobre Racismo na Educação brasileira, em desenvolvimento pela Relatoria Nacional, da qual resultará relatório a ser encaminhado às instâncias da ONU em 2010". Ação Educativa – Denise Carreira – Relatora Nacional para o Direito Humano à Educação (15 minutos)

9h15 – "Defesa das Políticas de Ação Afirmativa". Coordenação Nacional de Entidades Negras (CONEN) – Marcos Antonio Cardoso – Coordenação Nacional de Entidades Negras (CONEN); (15 minutos)

9h30 – "Políticas de cotas como um dos instrumentos de construção da igualdade mediante o reconhecimento da desigualdade historicamente acumulada pelos afrodescendentes em função das práticas discricionárias de base racial vigentes em nossa sociedade". Geledés Instituto da Mulher Negra de São Paulo – Sueli Carneiro – Doutora em Filosofia da Educação pela Faculdade de Educação da Universidade de São Paulo. Fellow da Ashoka Empreendedores Sociais. Foi Conselheira e Secretária Geral do Conselho Estadual da Condição Feminina de São Paulo; (15 minutos)

(...)

10h – "Proporcionalidade e razoabilidade do fator de 'discrimen'. Impossibilidade de identificação do negro". Juiz Federal da 2ª Vara Federal de Florianópolis Carlos Alberto da Costa Dias; (15 minutos)

10h15 – "A 'raça estatal' e o racismo". José Roberto Ferreira Militão; (15 minutos)

10h30 – As consequências sociais da introdução das políticas racialistas no mercado de trabalho, nos sindicatos e partidos. A intromissão do Estado na vida interna das organizações dos trabalhadores por meio das políticas racialistas. Serge Goulart – autor do livro "Racismo e Luta de Classes", Coordenador da Esquerda Marxista – Corrente do PT, editor do jornal Luta de Classes e da Revista teórica América Socialista; (15 minutos)

10h45 – "A racialização das relações sociais no âmbito das periferias das grandes cidades". Movimento Negro Socialista – José Carlos Miranda; (15 minutos)

11h – "Políticas públicas de eliminação da identidade mestiça e sistemas classificatórios de cor, raça e etnia". Movimento Pardo-Mestiço Brasileiro (MPMB) e Associação dos Caboclos e Ribeirinhos da Amazônia (ACRA) – Helderli Fideliz Castro de Sá Leão Alves; (15 minutos)

Tarde

Experiências de aplicação de políticas de ação afirmativa

14h – Associação Nacional dos Dirigentes das Instituições Federais de Ensino Superior (ANDIFES) – Professor Alan Kardec Martins Barbiero; (15 minutos)

14h15 – União Nacional dos Estudantes (UNE) – Augusto Canizella Chagas – Presidente da União Nacional dos Estudantes (UNE); (15 minutos)

14h30 – Instituto Universitário de Pesquisas do Rio de Janeiro (IUPERJ) – João Feres – Mestre em Filosofia Política pela UNICAMP. Mestre e Doutor em ciência política pela City University of New York (CUNY) – Professor do Instituto Universitário de Pesquisas do Rio de Janeiro (IUPERJ); (15 minutos) (Apresentação)

14h45 – Universidade Estadual de Campinas (UNICAMP) – Professor Renato Hyuda de Luna Pedrosa – Coordenador da Comissão de Vestibulares da Universidade Estadual de Campinas – UNICAMP (15 minutos) (Apresentação) (Texto) (PAAIS)

15h – Universidade Federal de Juiz de Fora (UFJF) – Pró-reitor de Graduação Professor Eduardo Magrone; (15 minutos) (Apresentação)

15h15 – Universidade Federal de Santa Maria (UFSM) – Professora Jânia Saldanha; (15 minutos) (Apresentação)

15h30 – Universidade do Estado do Amazonas (UEA) – Vice-Reitor Professor Carlos Eduardo de Souza Gonçalves; (15 minutos)

15h45 – Universidade Federal de Santa Catarina (UFSC) – Professor Marcelo Tragtenberg; (15 minutos) (Apresentação)

16h – Associação dos Juízes Federais (AJUFE) – Dra. Fernanda Duarte Lopes Lucas da Silva – Juíza Federal da Seção Judiciária do Rio de Janeiro; (15 minutos) (Apresentação)

Encerramento – Excelentíssimo Senhor Ministro Enrique Ricardo Lewandowski

O Ministro do Supremo Tribunal Federal Ricardo Lewandowski, Relator da *Arguição de Descumprimento de Preceito Fundamental n. 186* e do *Recurso Extraordinário n. 597.285/RS*, no uso das atribuições que lhe confere o artigo 21, inciso XVII, do Regimento Interno do Supremo Tribunal Federal, e nos termos do Despacho Convocatório de 15 de setembro de 2009, torna público que:

O Supremo Tribunal Federal realizará nos próximos dias 3, 4 e 5 de março audiência pública sobre políticas de ação afirmativa (ou discriminação reversa) de acesso ao ensino superior.

O cronograma da audiência pública recebeu a seguinte divisão temática:

3 de março

(i) Instituições estatais responsáveis pela regulação e organização das políticas nacionais de educação e de combate à discriminação étnica e racial (Ministério da Educação, Secretaria Especial de Políticas de Promoção da Igualdade Racial, Secretaria Nacional de Direitos Humanos, Fundação Nacional do Índio e Comissão de Constituição e Justiça do Senado Federal), bem como pela instituição responsável por mensurar os resultados dessas políticas públicas (Instituto de Pesquisa Econômica Aplicada – IPEA).

(ii) Partes relacionadas aos processos selecionados para a audiência pública.

4 de março

Início do contraditório entre os defensores da tese de constitucionalidade e os defensores da tese de inconstitucionalidade das políticas de reserva de vaga como ação afirmativa de acesso ao ensino superior (cinco defensores para cada uma das teses). Nessa data, os defensores da tese de inconstitucionalidade das políticas de reserva de vagas iniciarão o contraditório e serão seguidos pelos defensores da tese contrária.

5 de março

Manhã – Na manhã do dia 5 de março, dar-se-á continuidade ao contraditório entre os defensores das teses de constitucionalidade e de inconstitucionalidade das políticas de reserva de vagas. Nessa data, serão os defensores da tese de constitucionalidade que iniciarão o contraditório, que será encerrado pelos defensores da tese da inconstitucionalidade.

Tarde – O período da tarde do dia 5 de março será destinado à apresentação das experiências das universidades públicas na aplicação das políticas de reserva de vagas como ação afirmativa para acesso ao ensino superior. Após essas entidades, a Associação dos Juízes Federais exporá como tem julgado os conflitos decorrentes da aplicação dessas medidas. Essas exposições têm como escopo permitir que esta Corte Constitucional avalie se e em que medida as políticas de reserva de vagas no ensino superior afrontam a Constituição Federal de 1988.

Publique-se.

Brasília, 26 de fevereiro de 2010.

Ministro Ricardo Lewandowski

ANEXO F

Sexta audiência pública: Lei Seca

Ação Direta de Inconstitucionalidade n. 4.103 – Distrito Federal
Relator: Min. Luiz Fux
Reqte.(s): Associação Brasileira de Restaurantes e Empresas de Entretenimento
– ABRASEL Nacional
Adv.(a/s): Percival Maricato
Intdo.(a/s): Presidente da República
Adv.(a/s): Advogado Geral da União
Intdo.(a/s): Congresso Nacional
Am. Curiae: Associação Brasileira de Medicina de Tráfego – ABRAMET
Adv.(a/s): Priscila Calado Corrêa Netto
Am. Curiae: Fundação Thiago de Moraes Gonzaga
Adv.(a/s): Luís Maximiliano Leal Telesca Mota

> "Lei Seca". Designação de audiência pública a ser realizada
> no primeiro semestre de 2012. Divulgação para inscrição de
> pretendentes a figurarem como expositores.

Trata-se de Ação Direta de Inconstitucionalidade ajuizada pela Associação Brasileira de Restaurantes e Empresas de Entretenimento – ABRASEL Nacional com o propósito de ver declarada a inconstitucionalidade dos artigos 2º, 4º e 5º, incisos III, IV e VIII, todos da Lei n. 11.705/08, diploma reconhecido como "Lei Seca".

A temática versada nestes autos reclama apreciação que ultrapassa os limites do estritamente jurídico, porquanto demanda abordagem Supremo Tribunal Federal técnica e interdisciplinar da matéria. Há inúmeros estudos e pesquisas acerca dos efeitos da incidência de uma legislação mais rigorosa a quem conduz alcoolizado um veículo, mormente quando o objetivo da norma é a redução de acidentes em rodovias. Reputa-se, assim, valiosa e necessária a realização de Audiências Públicas sobre diversos temas controvertidos nestes autos, não só para que esta Corte possa ser municiada de informação imprescindível para o deslinde do feito, como, também, para que a legitimidade democrática do futuro pronunciamento judicial seja, sobremaneira, incrementada.

As Audiências serão realizadas para que, em essência, os expositores esclareçam os seguintes tópicos: i) efeitos da bebida alcoólica na condução de veículos automotores; ii) efeitos no aumento do número de acidentes em rodovias, em razão da venda de bebidas alcoólicas nas proximidades de rodovias; iii) se a Lei n. 11.705 (Lei Seca) já trouxe benefícios concretos para a população brasileira; iv) meios científicos, invasivos e não invasivos, para se apurar, com segurança, a embriaguez incapacitante para a condução de veículos; v) números de prisões e autuações administrativas efetuadas após o surgimento da "Lei Seca", em razão da condução de veículos em estado de embriaguez; vi) panorama mundial do enfrentamento do problema da embriaguez ao volante; vii) se a concentração de álcool por litro de sangue igual ou superior a 6 (seis) decigramas gera, em qualquer pessoa, e independentemente da sua compleição física, um estado de embriaguez incapacitante para a condução de um veículo; viii) se existe alguma concentração específica de álcool por litro de sangue capaz de atestar uma embriaguez incapacitante, de toda e qualquer pessoa, para a condução de um veículo automotor; ix) de que modo o aparelho conhecido como bafômetro mede a quantidade de álcool por litro de sangue igual ou superior a 6 (seis) decigramas; x) a margem de erro de cada um dos métodos atualmente empregados para aferir a embriaguez ao volante; xi) a frequência de aferição dos equipamentos utilizados na medição dos níveis de alcoolemia; xii) se quem come um doce com licor, ingere um remédio com álcool ou usa um antisséptico bucal pode dar origem a uma concentração de álcool por litro de sangue igual ou superior a 6 (seis) decigramas.

As audiências públicas serão realizadas no primeiro semestre de 2012, tendo cada expositor o tempo de quinze minutos, viabilizada a juntada de memoriais.

Concedo o prazo até as 20h do dia 9 de dezembro de 2011 para que os interessados, pessoas jurídicas sem fins lucrativos, manifestem seu interesse de participarem e de indicarem expositores nas futuras Audiências Públicas. Os requerimentos de participação nas Audiências Públicas deverão ser encaminhados EXCLUSIVAMENTE para o endereço de e-mail gabineteluizfux@stf.jus.br até o referido prazo.

Solicite-se, nos termos do artigo 154, parágrafo único, inciso I, do Regimento Interno do STF, a divulgação, no sítio desta Corte, bem como por meio da assessoria de imprensa do tribunal, da abertura de prazo, até o dia 9 de dezembro do corrente, para o requerimento de participação nas Audiências Públicas a serem oportunamente realizadas.

Deem ciência do teor desta decisão ao Procurador Geral da República e aos demais integrantes da Corte.

Publique-se.

Brasília, 7 de novembro de 2011.

Ministro Luiz Fux

Relator

Despacho de convocação de audiência pública

O Ministro do Supremo Tribunal Federal Luiz Fux, Relator da Ação Direta de Inconstitucionalidade n. 4.103, no uso das atribuições que lhe confere o artigo 21, XVII, do Regimento Interno do Supremo Tribunal Federal.

Convoca:

Audiência Pública para ouvir o depoimento de pessoas com experiência e autoridade em matéria que versa a proibição da comercialização de bebidas alcoólicas em rodovias federais, bem como imposição de penalidades mais severas para o condutor que dirigir sob a influência do álcool.

No que tange à Ação Direta de Inconstitucionalidade, foi proposta sob a alegação, em síntese, que a proibição de venda de bebidas alcoólicas por estabelecimentos comerciais situados às margens de rodovias federais violaria os princípios constitucionais da isonomia (artigo 5º, *caput*, da Constituição Federal), o princípio da razoabilidade [artigo 5º, LIV, da Constituição Federal], o princípio da livre iniciativa, o princípio da liberdade econômica e princípio da mínima intervenção estatal (artigo 170, da Constituição Federal), bem como do Direito adquirido (artigo 5º, XXXVI, da Constituição Federal).

A temática versada nos autos da Ação Direta de Inconstitucionalidade n. 4.103 reclama apreciação que ultrapassa os limites do estritamente jurídico, porquanto demanda abordagem técnica e interdisciplinar da matéria. Há inúmeros estudos e pesquisas acerca dos efeitos da incidência de uma legislação mais rigorosa a quem conduz alcoolizado um veículo, mormente quando o objetivo da norma é a redução de acidentes em rodovias. Reputa-se, assim, valiosa e necessária a realização de Audiências Públicas sobre diversos temas controvertidos nos autos em questão, não só para que esta Corte possa ser municiada de informação imprescindível para o deslinde do feito, como, também, para que a legitimidade democrática do futuro pronunciamento judicial seja, sobremaneira, incrementada.

Ficam, assim, designados os dias 7 e 14 de maio de 2012, das 9h às 12h, para a realização da audiência pública.

O funcionamento da audiência pública seguirá o disposto no artigo 154, III, parágrafo único, do Regimento Interno do Supremo Tribunal Federal.

Os interessados e pessoas jurídicas sem fins lucrativos deverão requerer sua participação na audiência pública até as 20h do dia 9 de dezembro de 2011, EXCLUSIVAMENTE pelo endereço eletrônico gabineteluizfux@stf.jus.br. Para tanto, deverão manifestar seu interesse de participarem e de indicarem expositores nas futuras Audiências Públicas.

A relação dos inscritos habilitados a participar da audiência pública estará disponível no portal eletrônico do Supremo Tribunal Federal a partir de março de 2012.

Quaisquer documentos referentes à audiência pública poderão ser encaminhados por via eletrônica para o endereço gabineteluizfux@stf.jus.br.

A Audiência Pública será transmitida pela TV JUSTIÇA e pela RÁDIO JUSTIÇA (artigo 154, parágrafo único, V, do Regimento Interno do Supremo Tribunal Federal), assim como pelas demais emissoras que assim o requererem. Tais pedidos deverão ser encaminhados à Secretaria de Comunicação Social.

Publique-se o Edital de Convocação.

Expeçam-se convites aos Excelentíssimos Senhores Ministros do Supremo Tribunal Federal para integrar a mesa e participar da audiência pública.

Expeça-se convite ao Excelentíssimo Senhor Presidente do Congresso Nacional.

Expeça-se convite ao Excelentíssimo Senhor Procurador Geral da República.

Expeça-se convite ao Excelentíssimo Senhor Presidente da Ordem dos Advogados do Brasil.

Expeça-se convite ao Excelentíssimo Senhor Advogado Geral da União – AGU.

Expeçam-se convites ao Ministério da Justiça, ao Ministério do Transporte, ao Ministério da Saúde, ao Ministério das Cidades, ao Departamento Nacional de Infraestrutura de Transportes – DNIT, ao Conselho Nacional de Trânsito – CONTRAN, à Agência Nacional de Transportes Terrestres – ANTT e à Polícia Rodoviária Federal.

Expeçam-se convites ao Diretor Geral, à Secretaria Judiciária, à Secretaria de Administração e Finanças, à Secretaria de Segurança, à Secretaria de Documentação, à Secretaria de Serviços Integrados de Saúde, à Secretaria de Comunicação Social, à Secretaria de Tecnologia da Informação e à Assessoria de Cerimonial, para que providenciem os equipamentos, assistência e o pessoal de informática, taquigrafia, som, imagem, intérpretes de libras, segurança e demais suportes necessários para a realização do evento.

Republique-se.

Ministro Luiz Fux

Despacho de convocação de audiência pública

O Ministro do Supremo Tribunal Federal Luiz Fux, Relator da Ação Direta de Inconstitucionalidade n. 4.103, no uso de suas atribuições que lhe confere o artigo 21, inciso XVII, do Regimento Interno do Supremo Tribunal Federal, e nos termos do Despacho Convocatório de 1º de dezembro de 2011, torna pública a relação dos habilitados a participar da Audiência Pública sobre proibição da comercialização de bebidas alcoólicas em rodovias federais, bem como imposição de penalidades mais severas para o condutor que dirigir sob a influência do álcool:

I - Excelentíssima Senhora Vice-Procuradora Geral da República, Doutora Deborah Macedo Duprat de Britto Pereira;

II - Hugo Leal Melo da Silva – Deputado Federal;

III - Ministério Público do Estado do Paraná – MPPR;

IV - Ordem dos Advogados do Brasil – Seccional do Pará;

V - Associação dos Defensores Públicos – ANADEP;

VI - Departamento de Trânsito do Distrito Federal – DETRAN/DF;

VII - Departamento Estadual de Trânsito – DETRAN-AC;

VIII - Federação Nacional dos Policiais Rodoviários Federais – FENAPRF;

IX - Federação Brasileira de Hospedagem e Alimentação – FBHA;

X - Sindicato de Hotéis, Bares e Similares do Distrito Federal – SINDOBAH;

XI - Associação Brasileira de Bares e Restaurantes – ABRASEL;

XII - Associação de Medicina da Universidade Federal do Rio de Janeiro – UFRJ;
XIII - Associação Brasileira de Psiquiatria – ABP;
XIV - Associação Brasileira de Bares e Casas Noturnas – ABRABAR;
XV - Conselho Regional de Medicina do Paraná – CRM-PR;
XVI - Organização Nacional Trânsito e Vida – ONTRAN;
XVII - Instituto Brasileiro de Ciências Criminais – IBCCRIM;
XVIII - Major Marco Andrade – Coordenador Geral da Operação Lei Seca do Estado do Rio de Janeiro.
XIX - ONG Associação de Parentes, amigos e vítimas de Trânsito – TRÂNSITOAMIGO;
XX - ONG Rodas da Paz;
XXI - Programa Vida Urgente (Fundação Thiago Gonzaga);
XXII - Fundo Municipal de Trânsito – FUMTRAN/SC;
Oportunamente, será apresentado o cronograma da apresentação de cada expositor na data mencionada, bem como o nome dos representantes das pessoas jurídicas acima habilitadas a se manifestarem nas audiências.

Ressalto, no entanto, que todos os requerentes habilitados ou não, poderão enviar documentos com a tese definida para o endereço eletrônico gabineteluizfux@stf.jus.br. O material enviado será disponibilizado no portal eletrônico do Supremo Tribunal Federal.

Ficam, assim, designados os dias de 7 e 14 de maio de 2012 para a realização da audiência pública das 9h às 13h.

O funcionamento da audiência pública seguirá o disposto no artigo 154, III, parágrafo único, do Regimento Interno do Supremo Tribunal Federal.

Cada participante disporá de 15 minutos para sua intervenção, devendo observar o disposto no artigo 154, parágrafo único, inciso IV, do Regimento Interno do Supremo Tribunal Federal.

Os participantes que desejarem utilizar recursos audiovisuais deverão enviar os arquivos da apresentação em meio digital (CR-R ou DVD) para a Assessoria de Cerimonial do Tribunal até o dia 10 de abril de 2012.

Quaisquer documentos referentes à audiência pública poderão ser encaminhados pela via eletrônica para o endereço gabineteluizfux@stf.jus.br.

A audiência pública será transmitida pela TV Justiça e pela Rádio Justiça (artigo 154, parágrafo único, V, do Regimento Interno do Supremo Tribunal Federal), assim como pelas demais emissoras que o requererem. Tais pedidos deverão ser encaminhados à Secretaria de Comunicação Social.

Ao Diretor Geral, à Secretaria Judiciária, à Secretaria de Administração e Finanças, à Secretaria de Segurança, à Secretaria de Documentação, à Secretaria de Serviços Integrados de Saúde, à Secretaria de Comunicação Social, à Secretaria de Tecnologia da Informação e à Assessoria de Cerimonial para que providenciem os equipamentos, assistência e o pessoal de informática, taquigrafia, som, imagem, intérpretes de libras, segurança e demais suportes necessários para a realização do evento.

Publique-se.
Brasília, 19 de dezembro de 2011.
Ministro Luiz Fux

Esta obra foi composta em fonte Palatino Linotype, corpo 10
e impressa em papel Offset 75g (miolo) e Supremo 250g (capa)
pela Paulinelli Servicos Gráficos Ltda.
Belo Horizonte/MG, maio de 2012.